D1738241

Jiddu Krishnamurti

RELACIÓN Y AMOR

La verdadera revolución

Recopilado por Mary Lutyens

Título original del inglés: THE ONLY REVOLUTION

©1970 KRISHNAMURTI FOUNDATION TRUST
Brockwood Park
BRAMDEAN, Hampshire SO240LQ
ENGLAND

© de la presente edición en lengua española:
2008 by Editorial Kairós, S.A.

Editorial Kairós, S.A.
Numancia 117-121. 08029 Barcelona, España
www.editorialkairos.com

Nirvana Libros S.A. de C.V.
3ª Cerrada de Minas 501-8, Col. Arvide, 01280 México, D.F.
www.nirvanalibros.com.mx

Recopilación: Mary Lutyens
© Fotografía: KFT/KFA
© Traducción: FKL

La presente edición en lengua española ha sido contratada –con la licencia de la
Krishnamurti Foundation of America (KFA) www.kfa.org, e-mail: kfa@kfa.org y
la Krishnamurti Foundation Trust Ltd (KFT) www.kfoundation.org, e-mail: kft@
brockwood.org.uk– con la Fundación Krishnamurti Latinoamericana (FKL),
Apartado 5351, 08080 Barcelona, España, www.fkla.org, e-mail: fkl@fkla.org.

Fotocomposición: Beluga & Mleka, Córcega, 267. 08008 Barcelona
Tipografía: Times, cuerpo 11, interlineado 12,8
Impresión y encuadernación: Romanyà-Valls. Verdaguer, 1. 08786 Capellades

Primera edición: Septiembre 2008
I.S.B.N.: 978-84-7245-676-1
Depósito legal: B-38.130/2008

Este libro ha sido impreso con papel certificado FSC, proviene de fuentes respetuosas
con la sociedad y el medio ambiente y cuenta con los requisitos necesarios para ser
considerado un "libro amigo de los bosques".

Todos los derechos reservados. No está permitida la reproducción total ni parcial de este
libro, ni la recopilación en un sistema informático, ni la transmisión por medios electrónicos,
mecánicos, por fotocopias, por registro o por otros métodos, salvo de breves extractos a efectos
de reseña, sin la autorización previa y por escrito del editor o el propietario del *copyright*.

SUMARIO

EUROPA

LA INDIA 1970

CAPÍTULO 1

La meditación no es un escape; no es una actividad que uno practica para aislarse del mundo y encerrarse en sí mismo, sino el acto de comprender el mundo y su forma de actuar. El mundo tiene poco que ofrecer aparte de alimento, ropa y techo, así como placer con su gran desdicha.

Meditar es vagar, alejándose de este mundo hasta ser un extraño por completo. Entonces el mundo adquiere un sentido y es constante la belleza de los cielos y de la Tierra; entonces el amor no es placer, y de ese amor emana esa acción que no es resultado de las tensiones y contradicciones, ni de la búsqueda de satisfacción personal o de la arrogancia que el poder otorga.

La habitación tenía vistas a un jardín, y diez o doce metros más abajo fluía el caudaloso y ancho río, sagrado para muchos y, para otros, una bella extensión de agua abierta a los cielos y a la gloria de la mañana. Se podía divisar la otra orilla, con su aldea rodeada de árboles frondosos y, en esta época, el trigo de invierno recién sembrado. Desde la habitación aún se distinguía el lucero del alba mientras el Sol se elevaba lentamente por encima de los árboles; el río se convertía entonces en un sendero dorado, gracias a los rayos del Sol.

Por la noche, cuando la habitación quedaba totalmente a oscuras, la amplia ventana mostraba el cielo inmenso del Sur. Una noche, con sonoro batir de alas, un pájaro entró en la ha-

bitación. Encendí la luz, me levanté, y lo vi bajo la cama; era
un búho. Tenía casi medio metro de alto, los grandes ojos extremadamente abiertos, y un pico aterrador. Nos observamos
fijamente, muy cerca el uno del otro. El búho estaba asusta-
do por la luz y por la proximidad de un ser humano. Nos quedamos mirándonos sin pestañear largo rato y en ningún momento perdió su porte ni su fiera dignidad. Se podían apreciar
sus crueles garras y las delicadas plumas con las alas apreta-
das fuertemente contra el cuerpo. Uno hubiera querido alargar la mano y acariciarlo, pero él no lo hubiese permitido. De
modo que finalmente apagué la luz y durante unos instantes
la habitación quedó en calma, pero pronto hubo un batir de
alas –uno sintió el aire en el rostro– y el búho emprendió el
vuelo a través de la ventana. Nunca más regresó.

Era un templo muy antiguo; se decía que posiblemente tenía
más de tres mil años, pero ya se sabe que a la gente le gusta
exagerar; sin embargo era muy antiguo. Había sido un templo budista, pero hace alrededor de siete siglos pasó a ser un
templo hindú, y en vez de una imagen del Buda colocaron
una hindú. El interior estaba muy oscuro y se respiraba una
atmósfera peculiar. Había varias salas con el techo sostenido
por columnas y largos corredores bellamente esculpidos con
un olor a murciélagos y a incienso.

Los devotos, recién bañados, iban entrando desordenada-
mente y con las manos juntas recorrían los pasillos, postrán-
dose cada vez que pasaban frente a la imagen cubierta de se-
das brillantes. En el altar más oculto un sacerdote cantaba y
resultaba agradable escuchar aquel sánscrito tan bien pronun-
ciado. Recitaba sin prisa, y las palabras llegaban con gracia
y fluidez desde las profundidades del templo. Había niños,
mujeres ancianas y hombres jóvenes. Los seguidores habían
sustituido sus pantalones y chaquetas de estilo europeo por

dhotis y, con las manos juntas y los hombros desnudos, permanecían sentados o de pie en actitud de gran devoción.

También había una poza llena de agua –era sagrada– con una larga escalinata que bajaba hasta el fondo y pilares de roca cincelada a su alrededor. Uno dejaba a su espalda la carretera polvorienta, el ruido ensordecedor, el Sol cegador y ardiente, y entraba en la sombra del templo en el que reinaban la oscuridad y la quietud. No había ni velas ni gente arrodillada, salvo aquellos que hacían su peregrinaje alrededor del altar moviendo silenciosamente los labios en oración.

Aquella tarde vino a vernos un hombre y dijo que creía fielmente en el Vedanta. Debido a que había cursado estudios en una de las universidades, hablaba muy bien el inglés, y tenía un intelecto brillante y agudo. Dijo que era abogado, con una posición económica desahogada, y sus ojos penetrantes le miraban a uno hurgando, midiendo, y con cierta ansiedad. Aparentemente había leído mucho, incluyendo algo de teología occidental. Era un hombre de mediana edad, alto y más bien delgado, con la dignidad del abogado que ha ganado muchos casos.

Empezó diciendo: «Le he escuchado hablar y lo que usted expone es puro Vedanta, extraído de la antigua tradición y adaptado a esta época». Le preguntamos qué entendía él por Vedanta, y contestó: «Señor, nosotros sostenemos que sólo existe *Brahman*, creador del mundo y de la ilusión del mundo, y el *atman* –el cual existe en todo ser humano– que pertenece a ese *Brahman*. El ser humano tiene que despertar de esta conciencia cotidiana de la pluralidad y del mundo aparente, igual que si despertara de un sueño. De la misma manera que este soñador crea la totalidad de su sueño, la conciencia individual crea la totalidad del mundo aparente y el resto de personas. Usted, señor, no explica todo esto, pero sin duda quiere decir lo mismo, ya que ha nacido y se ha criado en este país y, aunque ha pasado la mayor parte de su vida en el extranjero, forma parte de esta antigua tradición. Tanto si le gusta como si no, esta tierra le ha visto nacer; de modo que es producto de la India y posee una mente india. Sus gestos, esa posición erguida sin movimiento que mantiene mientras habla y su misma apariencia forman parte de esta antigua herencia. Sus enseñanzas son sin lugar a dudas continuación de lo que nuestros antecesores han enseñado desde tiempo inmemorial».

Dejemos a un lado la idea de si quien le habla es un indio educado en esta tradición, condicionado por esta cultura, y de si es una síntesis de estas antiguas enseñanzas. En primer lugar, él no es indio, es decir, no pertenece a esta nación ni a la comunidad de los *brahmanes*, aunque naciera en ella. Él niega que tenga ninguna validez esa tradición con la que usted lo ha investido; niega que sus enseñanzas sean la continuación de las antiguas; y no ha leído ninguno de los libros sagrados de la India ni de Occidente, puesto que son innecesarios para el hombre que se da cuenta de lo que está sucediendo en el mundo, del comportamiento de los seres humanos con sus teorías interminables, de esa forma aceptada de proselitismo que data de hace dos o cinco mil años, y que se ha convertido en la tradición y en la revelación de la verdad.

Para este hombre, que se niega total y rotundamente a aceptar la palabra, el símbolo y su condicionamiento, para él la verdad no es un asunto de segunda mano. Si le hubiera escuchado, señor, sabría que desde el principio ha dejado bien claro que aceptar cualquier autoridad es la negación misma de la verdad, y ha insistido en que uno debe dejar atrás toda cultura, tradición o moralidad social. Si le hubiese escuchado, no diría entonces que es indio, o que sus palabras son una continuación modernizada de la antigua tradición, porque él niega absolutamente el pasado, a sus maestros e intérpretes y sus teorías o sistemas. La verdad no pertenece al pasado. La verdad del pasado son las cenizas de la memoria, y la memoria pertenece al tiempo, ¿qué verdad puede haber en las cenizas muertas del ayer? La verdad es algo vivo, no puede estar recluida en los límites del tiempo.

Por tanto, una vez desechado todo eso, podemos considerar ahora el asunto básico sobre *Brahman*, que es lo que usted postula. Su misma aseveración, señor, con toda seguridad es una teoría inventada por una mente imaginativa –ya sea la de Shankara o la de un teólogo erudito de hoy en día–. Puede que uno experimente una teoría y la considere prueba irrefutable de la verdad, pero es el mismo caso del hombre que, educado y condicionado en el mundo católico, tiene visiones de Cristo. Es evidente que dichas visiones son la proyección de su propio condicionamiento y que aquellos que se han criado en la tradición de Krishna tienen experiencias y visiones relacionadas con su cultura. De modo que la experiencia no prueba nada. El aceptar una visión como Krishna o como Cristo es producto del conocimiento condicionado y, por tanto, no es algo real en absoluto; es una mera fantasía, un mito fortalecido por la experiencia y sin valor alguno.

¿Por qué necesita tener teoría alguna y por qué postula una creencia? Esa reiterada aseveración de creer en algo es indicio de temor –temor al vivir cotidiano, al sufrimiento, a la muerte y al sinsentido absoluto de la vida–. Al darse cuenta de todo eso uno inventa una teoría, y cuanto más astuta y rebuscada sea, más valorada será. Y después de dos o de diez mil años de propaganda, esa teoría, invariable y estúpidamente, se convierte en "la verdad".

Pero si uno no postula dogma alguno, entonces se encuentra cara a cara con lo que realmente es; y *lo que es,* es pensamiento, placer, dolor y miedo a la muerte. Cuando comprenda la estructura de su vivir cotidiano –con su competitividad, egoísmo, ambición y ansia de poder–, entonces no sólo se dará cuenta de lo absurdo de las teorías, de los salvadores y los *gurús*, sino que quizá también descubra el fin del dolor, y la terminación de toda la estructura creada por el pensamiento.

Profundizar y comprender esta estructura es meditación. En ese momento se dará cuenta de que el mundo no es una ilusión, sino una realidad terrible que el hombre ha edificado por su forma de relacionarse con sus semejantes. Comprender esto es lo importante, y no esas teorías suyas del Vedanta, con sus rituales y toda la parafernalia de la religión organizada.

Cuando el hombre es libre, cuando no tiene ningún motivo para sentir miedo, envidia o dolor, sólo entonces la mente de forma natural tiene paz y silencio; entonces puede no solamente percibir la verdad a cada instante en la vida diaria, sino ir más allá de toda percepción; y, por tanto, ése es el final de la división entre el observador y lo observado, es el final de la dualidad.

Sin embargo, más allá de todo esto y sin relación alguna con esta lucha, con esta vanidad y desesperación, hay una corriente –y no se trata de una teoría– que no tiene principio ni fin; hay un movimiento inconmensurable que la mente nunca podrá apresar.

Al escuchar estas palabras, señor, seguramente las convertirá en una teoría, y si esta nueva teoría es de su agrado la divulgará, pero lo que divulgue no será la verdad. La verdad se manifestará únicamente cuando esté libre del dolor, de la ansiedad y la agresividad, que ahora llenan su corazón y su mente. En el instante en que comprenda todo esto y descubra esa bendición llamada amor, entonces se dará cuenta de la verdad de lo que se ha dicho.

CAPÍTULO 2

Lo que importa en la meditación es la cualidad del corazón y de la mente; no es lo que consigue o lo que espera alcanzar, sino la cualidad de una mente que es inocente y vulnerable. Es a través de la negación como se llega al estado positivo. El limitarse meramente a acumular experiencias o a vivir en ellas, niega la pureza de la meditación. La meditación no es un medio para alcanzar un fin, es ambas cosas: el medio y el fin. La mente nunca puede ser inocente por medio de la experiencia; es la negación de la experiencia lo que da origen a ese estado positivo de inocencia que el pensamiento no puede cultivar, porque el pensamiento nunca es inocente. La meditación es el fin del pensamiento, no porque el meditador le ponga fin, sino porque el meditador es la meditación. Sin meditación, uno es como un ciego en un mundo de gran belleza, de inmensa luz y color.

Camine sin rumbo fijo por la orilla del mar y deje que esta cualidad meditativa le envuelva. Si eso sucede, no trate de apresarla, porque lo que capture sólo será el recuerdo de lo que fue, y *lo que fue* es la muerte de *lo que es*. O cuando vague por los montes deje que todo le hable de la belleza y del dolor de la vida, de modo que uno despierte a su propio dolor y a la finalización del dolor. La meditación es la raíz, la planta, la flor y el fruto. Son las palabras las que dividen el fruto, la flor, la planta y la raíz. La acción que nace de esa separación no puede generar bondad, porque la virtud es la percepción del todo.

Era una carretera larga y sombreada, con árboles a ambos lados; era estrecha y serpenteaba a través de los verdes campos relucientes de trigo en sazón. El Sol proyectaba densas sombras y a ambos lados había aldeas sucias, descuidadas y sumidas en la pobreza. Las personas mayores tenían aspecto enfermizo y triste, pero los niños jugaban en la tierra polvorienta con alboroto, y arrojaban piedras a los pájaros posados en las copas de los árboles. Era una mañana fría, muy agradable, y sobre las montañas soplaba una brisa fresca.

Los loros y los mirlos formaban una gran algarabía esa mañana. Ocultos en el verde espesor de los árboles, los loros apenas se distinguían; habían excavado varios agujeros en el tamarindo y los utilizaban como su hogar. Su vuelo zigzagueante era siempre ensordecedor y chillón. Los mirlos, mucho más mansos, se paseaban por el suelo y dejaban que uno se aproximara a ellos bastante cerca, antes de emprender el vuelo. La verde y dorada áurea cazamoscas estaba posada en los cables del tendido eléctrico que atravesaban la carretera. Era una hermosa mañana y el Sol aún no calentaba demasiado. En el aire flotaba una bendición y se sentía esa paz que antecede al despertar del hombre.

Una carreta tirada por un caballo transitaba por la carretera. Tenía dos ruedas y una plataforma con cuatro postes y un toldo; sobre la plataforma, colocado en sentido transversal y envuelto en un paño blanco y rojo, llevaban un cadáver para ser incinerado a orillas del río. Junto al conductor viajaba un hombre, posiblemente un pariente, y debido al traqueteo por el mal estado de la carretera, el cuerpo del difunto saltaba arriba y abajo. Aparentemente venían de algún lugar lejano, porque el caballo estaba sudoroso, y el cuerpo del difunto con las sacudidas a lo largo de todo el viaje, daba la impresión de estar muy rígido.

El hombre que vino a vernos unas horas más tarde dijo que era instructor de artillería en la marina de guerra. Parecía muy serio, y llegó acompañado de su esposa y sus dos hijos. Tras saludarnos explicó que deseaba encontrar a Dios. No se expresaba muy bien, probablemente era algo tímido, y aunque sus manos y su rostro denotaban capacidad de trabajo, había cierta dureza en su voz y en su aspecto, porque después de todo, era un instructor en las artes de matar. Dios parecía estar muy lejos de su actividad cotidiana y todo resultaba un tanto extraño; por un lado, allí estaba aquel hombre que afirmaba ser sincero en su búsqueda de Dios, pero, para ganarse la vida, se veía obligado a enseñar a otros diferentes métodos de matar.

Dijo que era una persona religiosa y había seguido varias doctrinas de diferentes hombres que se consideraban santos; debido a que todos lo habían dejado insatisfecho, venía ahora de un largo viaje en tren y autobús para vernos, porque deseaba saber cómo alcanzar ese extraño mundo que hombres y santos han buscado. Su esposa y sus hijos permanecían muy callados, sentados sin moverse y con actitud respetuosa. Afuera, en una rama próxima a la ventana, una paloma de color castaño claro se arrullaba suavemente. El hombre no la miró en ningún momento, y tanto los niños como la madre permanecieron tensos, nerviosos y con semblante serio.

No se puede buscar a Dios; no hay ningún camino que conduzca a él. El hombre ha inventado muchos métodos, muchas religiones, muchas creencias, salvadores y maestros que, según cree, le ayudarán a encontrar una dicha que no sea pasajera. El infortunio de la búsqueda es que conduce a una fantasía, a una visión que la mente proyecta y mide basándose en lo que ya conoce. El comportamiento del ser humano, su forma de vivir, destruye el amor que busca. No es posible llevar un arma en una mano y a Dios en la otra. Dios ha perdido todo su significado, no es más que un símbolo o una palabra, porque las iglesias y los lugares de adoración lo han destruido. Por supuesto, no importa si uno cree o no cree en Dios, ambos sufren y pasan por la agonía de unas vidas vacías y estériles; y la amargura de cada día hace que la vida no tenga ningún sentido. La realidad no está al final de la corriente del pensamiento y, sin embargo, son las palabras del pensamiento las que llenan el corazón vacío. Hemos llegado a ser muy hábiles inventando nuevas filosofías, pero más tarde o más temprano viene la amargura del fracaso. Inventamos teorías para poder alcanzar la realidad suprema, y el devoto acude al templo a fin de perderse en las propias fantasías que su mente elabora. El monje y el santo jamás descubrirán esa realidad, porque ambos forman parte de una tradición, de una cultura, que los reconoce como santos y monjes.

La paloma había emprendido el vuelo, y la belleza de la montaña y las nubes descendía sobre la Tierra –la verdad está aquí, donde nunca miramos.

CAPÍTULO 3

Era un viejo jardín mogol con muchos árboles enormes. Había grandes panteones, oscuros en su interior y con sepulcros de mármol. La lluvia y la intemperie habían vuelto negra la piedra y más negras aún las bóvedas, las cuales servían de refugio a cientos de palomas, que solían pelearse con los cuervos por un lugar; y en la parte más baja se aposentaban los loros, que llegaban en grupos desde todos partes.

El césped estaba primorosamente cuidado, regado en abundancia y cortado con esmero. Era un lugar tranquilo y sorprendía que no hubiera demasiada gente. Al atardecer, los sirvientes del vecindario llegaban en bicicleta y se sentaban juntos sobre el césped a jugar a las cartas. Era un juego que sólo ellos entendían; para alguien que no sabía, aquello no tenía ni pies ni cabeza. En el parterre que rodeaba otra de las tumbas había grupos de niños jugando.

Uno de los mausoleos era singularmente majestuoso, con grandes arcos de proporciones armónicas. En su parte posterior había una pared asimétrica, hecha de ladrillo, que el Sol y la lluvia habían oscurecido, casi era negra; también había un letrero advirtiendo de la prohibición de arrancar flores, pero la gente hacía caso omiso y a pesar de todo las arrancaba.

Había también una avenida de eucaliptos y, tras ella, un jardín de rosas rodeado de muros ruinosos. Estaba cuidado con gran esmero, sus rosas eran magníficas, y el césped siempre verde y cortado regularmente. Había algunos gitanos entresacando las malas hierbas del césped, pero por lo demás, poca gente venía a este jardín; se podía caminar por todas partes en completa soledad, viendo ponerse el Sol detrás de los árboles y de la bóveda de la tumba. Especialmente al atardecer, a esa hora en que las sombras son largas y oscuras, reinaba una gran paz, lejos del ruido de la ciudad, de la pobreza, y de la ridícula ostentación de la gente rica. En su conjunto era un lugar muy hermoso, pero, poco a poco, el hombre lo estaba deteriorando.

En uno de los rincones más apartados del césped había un hombre sentado con las piernas cruzadas y la que era su bicicleta junto a él; tenía los ojos cerrados y sus labios se movían. Había estado en esa posición más de hora y media, completamente ajeno al mundo, a los transeúntes, y al chirriar de los loros. Su cuerpo permanecía inmóvil, aparte de los labios, sólo se apreciaba el movimiento de los dedos de la mano que sostenían un rosario cubierto con un pedazo de tela. Venía a este lugar todos los días al atardecer, seguramente después del trabajo diario. Parecía ser pobre, estaba bien alimentado, y siempre acudía a ese rincón para desconectarse de todo. Si uno le hubiera preguntado, habría respondido que estaba meditando, repitiendo alguna oración o algún *mantra*; para él eso era más que suficiente, porque aquí encontraba el consuelo de la monotonía de la vida diaria. Seguía sentado sobre el césped y detrás de él había un jazmín en flor, el suelo estaba repleto de flores, y la belleza del momento le rodeaba. Era incapaz de ver esa belleza, porque estaba perdido en la belleza que él mismo se había construido.

La meditación no es repetir palabras, no es la experiencia de una visión, ni cultivar el silencio. Es cierto que la palabra y rezar el rosario aquietan la mente charlatana, pero eso no es más que una forma de autohipnosis; es lo mismo que tomarse un somnífero.

Meditar no es centrarse en un patrón de pensamiento o en la fascinación del placer. La meditación no tiene principio y, por tanto, tampoco tiene fin.

Si uno dice: «Empezaré hoy a controlar mis pensamientos, a sentarme muy quieto en posición meditativa, a respirar con ritmo regular», entonces quedará atrapado en los trucos que se hace a sí mismo. La meditación no consiste en fascinarse con alguna idea o imagen grandiosa, eso sólo aquieta momentáneamente, del mismo modo que un niño fascinado por un juguete se aquieta durante unos momentos, pero en cuanto pierde el interés por el juguete comienzan de nuevo la inquietud y las travesuras.

La meditación no es perseguir un camino invisible que conduce a una dicha imaginaria. La mente meditativa está viendo, observando, escuchando sin palabras, sin comentarios, sin opiniones; está muy atenta al movimiento de la vida en todas sus relaciones a lo largo del día. Y por la noche, cuando el organismo descansa, la mente meditativa no tiene sueños, porque durante todo el día ha estado despierta. Sólo el indolente tiene sueños, únicamente quien vive medio dormido necesita insinuaciones de su propio estado interno; sólo la mente que observa, que escucha el movimiento exterior e interior de la vida, entra en ese silencio que no es producto del pensamiento. No es un silencio que el observador pueda experimentar, porque si el observador lo experimenta, deja de ser silencio. El silencio de la mente meditativa no está dentro de los límites del reconocer, porque ese silencio no tiene límites –únicamente hay silencio, un silencio en el cual cesa el espacio de la separación.

Los montes se ocultaban tras las nubes y la lluvia pulía las grandes rocas alisadas por la erosión que yacían esparcidas por las vertientes. El granito gris tenía una veta negra, y aque-

lla mañana la lluvia lavaba el oscuro basalto, que iba enne-
greciendo cada vez más. Las charcas se iban llenando y las
ranas croaban ruidosamente, y mientras el color de la tierra
oscurecía, un grupo de loros venía de los campos en busca de
abrigo y los monos trepaban a lo alto de los árboles.

Cuando llueve hay un silencio peculiar, y esa mañana parecía que todos los ruidos del valle hubieran cesado –los sonidos de la granja, del tractor, el hacha golpeando la madera–, sólo se escuchaba el gotear del agua en los tejados y el
gorgoteo de los canales.

Era realmente extraordinario experimentar la sensación
de la lluvia en el cuerpo, calarse hasta los huesos, y sentir
cómo la tierra y los árboles la recibían con inmenso deleite; no había llovido desde hacía tiempo y ahora las pequeñas
grietas de la tierra se iban cerrando. Con la lluvia, los ruidos
de numerosas aves habían cesado y las nubes que provenían
del Este, oscuras y cargadas de agua, eran empujadas hacia el
Oeste; los montes iban alejándose con ellas y el olor de la tierra se esparcía por todos los rincones. Llovió durante todo el
día.

Y en la quietud de la noche, los búhos ululaban de un lado
al otro del valle.

Era un maestro de escuela, un *brahmán*. Vestía un *dhoti* muy
limpio, iba descalzo y llevaba puesta una camisa de estilo occidental. Tenía la mirada penetrante y directa, modales aparentemente afables, y su saludo fue una demostración de su
humildad. No era demasiado alto y hablaba muy bien el inglés, debido a que era profesor de este idioma en la ciudad.
Dijo que no ganaba mucho y que, como a todos los maestros
del mundo, le resultaba difícil cubrir sus necesidades. Estaba
casado –por supuesto– y tenía hijos, pero parecía dejar todo
esto de lado como si no le importara en absoluto.

Era un hombre orgulloso, ese orgullo peculiar que no es resultado del éxito, ni de la alta sociedad o del rico, sino el orgullo de pertenecer a una raza antigua, de ser representante de una vieja tradición, y de un sistema de pensamiento y de moral que, de hecho, nada tenían que ver con lo que él era en realidad. Su orgullo residía en el pasado que representaba y en la tendencia a dejar a un lado las complicaciones de su vida presente, mostraba la actitud del hombre que las cree inevitables, pero por completo innecesarias. Tenía la dicción del Sur, de acento marcado y tono alto. Dijo que durante muchos años había escuchado las charlas, aquí, bajo los árboles; de hecho, su padre lo había traído cuando era todavía un joven estudiante universitario y, luego más adelante, tras conseguir su miserable empleo actual, había empezado a venir regularmente todos los años.

«Llevo escuchándole hace muchos años y, aunque quizás comprenda intelectualmente lo que dice, no parece que penetre a gran profundidad. Me gusta el entorno de los árboles bajo los que se sienta mientras habla y observo la puesta de Sol cuando lo señala –como hace a menudo en sus charlas–, pero no soy capaz de *sentirla*, sentir la hoja y experimentar el júbilo de las sombras que danzan en el suelo; en realidad, no puedo sentir nada. He leído mucho, tanto literatura inglesa como, naturalmente, la de este país, puedo recitar poemas, pero se me escapa la belleza que reside tras la palabra. Me estoy volviendo rudo, no sólo con mi esposa y mis hijos, sino con todo el mundo; en la escuela cada vez grito más. Me pregunto cómo puedo haber perdido el deleite de contemplar una puesta de Sol –¡si es que alguna vez lo tuve!–, y me gustaría saber por qué no siento intensamente los males que hay en el mundo; todo lo percibo desde el punto de vista intelectual y puedo discutir sensatamente con cualquiera –o al menos eso creo–, pero ¿cuál es la causa de este vacío que separa el intelecto del corazón? ¿Por qué he perdido el amor, ese sentimiento de piedad e interés genuinos?»

Mire esa buganvilla que hay fuera de la ventana. ¿La ve? ¿Ve la luz que la envuelve, su transparencia, su color, su forma y su cualidad?

«La miro, pero no me dice nada. Creo que hay millones de personas como yo. De modo que vuelvo a la pregunta, ¿cuál es la causa de esta separación entre el intelecto y los sentimientos?»

¿No es acaso porque nos han educado mal, hemos cultivando únicamente la memoria y, desde nuestra infancia, nunca nos han enseñado a mirar un árbol, una flor, un pájaro o un remanso de agua? ¿Se debe a que hemos convertido la vida en algo mecánico? ¿Es la causa el exceso de población, debido al cual, por cada empleo, hay miles que lo necesitan? ¿O es la causa el orgullo, el orgullo por la propia eficiencia, el orgullo de la raza, el orgullo del pensamiento sagaz? ¿No cree que es todo esto?

«Si quiere saberlo, soy orgulloso…, sí lo soy.»

Bien, pero ésa es sólo una de las razones del porqué nos domina el llamado intelecto. ¿No es debido a que las palabras se han vuelto demasiado importantes y no lo que está por encima o más allá de ellas? ¿O, porque está frustrado, bloqueado en diversos sentidos, y puede que no sea consciente de ello en absoluto? En el mundo de hoy se rinde culto al intelecto y cuanto más ingenioso y astuto es uno, más progresa.

«Posiblemente todos estos factores influyan, pero ¿tanta importancia tienen? Por supuesto que podemos seguir analizando indefinidamente, describiendo la causa, pero ¿solucionaremos así la separación entre la mente y el corazón? Eso es lo que quiero saber. He leído algunos libros de psicología y nuestra propia literatura antigua, y nada me apasiona realmente. Por eso he venido a verle, aunque tal vez sea ya demasiado tarde para mí.»

¿Le interesa de verdad que estén unidos la mente y el corazón? ¿De verdad no está satisfecho con sus capacidades intelectuales? Quizás el problema de cómo unir la mente y el corazón sea sólo teórico. ¿Por qué le preocupa que se logre esa unión? En realidad, su preocupación nace del intelecto, ¿no es así?; no surge de un verdadero dolor ante el deterioro de sus propios sentimientos. Ha dividido la vida en intelecto y corazón, y está verbalmente preocupado porque observa de manera intelectual cómo su corazón va secándose. ¡Déjelo que se seque! Intente vivir sólo en el plano del intelecto. ¿Es eso posible?

«No es que no tenga sentimientos.»

Pero… ¿no son esos sentimientos en realidad sentimentalismo, pura autocomplacencia emocional? Sin duda, ése no es el sentir del que estamos hablando. Lo que estamos diciendo es: *muera* al amor; ¡qué importa! Viva por completo con su intelecto y con sus manipulaciones verbales, con sus astutos razonamientos; porque si realmente vive así, ¿qué sucede? Lo que está haciendo es oponerse a la destrucción de ese intelecto que tanto venera, porque toda destrucción trae multitud de problemas. Posiblemente, al ver el efecto que tienen las actividades intelectuales en el mundo –las guerras, la competitividad, la arrogancia que genera el poder–, sienta miedo de lo que pueda suceder, sienta miedo de la falta de esperanza y de la desesperación del ser humano.

Mientras exista esta división entre los sentimientos y el intelecto, uno dominará al otro, forzosamente uno destruirá al otro; no hay un puente que pueda unirlos. Es posible que haya escuchado estas charlas durante muchos años y, tal vez, haya hecho grandes esfuerzos para unir la mente y el corazón, pero ese esfuerzo es de la mente y, por tanto, la mente domina el corazón. El amor no pertenece a ninguno de los dos, porque el amor no tiene la peculiaridad de dominar. El amor no es algo creado por el pensamiento ni por el sentimiento; no es una palabra del intelecto o una respuesta sensorial. Cuando dice: «Necesito sentir amor y para conseguirlo tengo que cultivar el corazón», en realidad lo que cultiva es la mente y así mantiene siempre a ambos separados; no se puede salvar el abismo que los separa y unirlos con una intención interesada. El amor está al comienzo, no al final de cualquier intento.

«Entonces, ¿qué he de hacer?»

Ahora sus ojos brillaban más; había un movimiento en su cuerpo. Miró por la ventana y empezó lentamente a enardecérsele el ánimo.

No puede hacer nada. ¡Olvide todo eso! Simplemente escuche; vea la belleza de esa flor.

CAPÍTULO 4

La meditación es la manifestación de lo nuevo. Lo nuevo está más allá y por encima del pasado repetitivo; la meditación es el final de esa repetición. La muerte que la meditación trae es la inmortalidad de lo nuevo. Lo nuevo no se halla dentro del área del pensamiento, y la meditación es el silencio del pensamiento.

La meditación no es un logro personal, no consiste en retener una visión, ni es la excitación producto de las sensaciones. Es como el río que, indómito, fluye rápido y rebasa sus márgenes. Es música sin sonido; no puede ser domesticada ni utilizada. La meditación es el silencio en el cual, desde el mismo principio, el observador ha cesado.

El Sol aún no había salido y a través de los árboles podía verse el lucero del alba. Había un silencio realmente extraordinario; no era el silencio que hay entre dos sonidos o entre dos notas, sino el silencio que existe sin razón alguna, el silencio que debió existir en los inicios del mundo. Y ese silencio llenaba todo el valle y los montes.

Los dos grandes búhos, llamándose uno al otro, no perturbaban ese silencio, y un perro que a lo lejos ladraba a la Luna aún visible, formaba parte de aquella inmensidad. El rocío era muy denso y el Sol sobresalía por encima del monte, lanzando destellos de innumerables colores y bañándolo todo con el resplandor de sus primeros rayos.

Las delicadas hojas de la jacarandá estaban cargadas de

rocío y los pájaros venían a ella a darse su baño matinal, agitando las alas para que el rocío de las delicadas hojas humedeciera sus plumas. Los cuervos graznaban con su peculiar insistencia, saltando de una rama a otra e introduciendo bruscamente la cabeza entre las hojas, agitando las alas y acicalándose. Alrededor de media docena de ellos estaban posados sobre una gruesa rama y había muchos otros pájaros dispersos por el árbol, tomando su baño matinal.

El silencio se expandía y parecía ir más allá de los montes. Se escuchaba el habitual alboroto de los niños, sus gritos y sus risas; y la granja empezaba a despertar.

Iba a ser un día frío y ahora la luz del Sol cubría los montes. Eran montes muy viejos, probablemente los más viejos del mundo, con rocas de formas fantásticas que parecían haber sido cinceladas con gran esmero, colocadas una en equilibrio sobre otra; y ni el viento ni golpe alguno podía moverlas de su equilibrio.

Era un valle muy alejado de los pueblos y la carretera que lo atravesaba conducía a otra aldea; estaba llena de baches y no había automóviles ni autobuses que turbaran la ancestral quietud de aquel lugar. Transitaban por ella carretas de bueyes, pero su movimiento formaba parte de los montes. Se veía el lecho seco de un río, que sólo llevaba agua cuando llovía en abundancia, y su color era una mezcla de rojo, amarillo y castaño. Él también parecía moverse con los montes; y los aldeanos, que caminaban en silencio, se asemejaban a las rocas.

El día transcurrió lentamente y hacia el final del crepúsculo, mientras el Sol se ocultaba tras los montes del Oeste, el silencio que venía de muy lejos se extendía sobre los cerros, a través de los árboles, cubriendo los pequeños arbustos y la vieja higuera sagrada (el baniano). A medida que las estrellas empezaban a brillar, el silencio iba haciéndose cada vez más intenso; apenas podía uno soportarlo.

Se apagaron las pequeñas lámparas de la aldea, y, con el sueño, la intensidad del silencio se hizo aún más profunda, más amplia, e increíblemente poderosa. Incluso los montes se volvieron más silenciosos, porque también ellos habían interrumpido sus murmullos, su movimiento, y parecían haber perdido su peso inmenso.

Dijo que tenía 45 años; iba impecablemente vestida, con un sari, y llevaba varias ajorcas en las muñecas. El hombre mayor que la acompañaba dijo que era su tío. Nos sentamos los tres en el suelo, frente a un gran jardín en el que crecían un baniano, algunos mangos, una buganvilla de color muy vivo y varias palmeras aún jóvenes. Ella estaba muy triste; movía las manos inquietamente e intentaba no deshacerse en palabras y, quizás, en lágrimas. Su tío dijo: «Mi sobrina y yo hemos venido para hablar con usted. Su esposo murió hace unos años y poco después perdió a un hijo; desde entonces no deja de llorar y ha envejecido terriblemente. No sabemos qué hacer. Los consejos médicos habituales no han servido de mucho; está adelgazando y creo ha perdido interés en sus otros hijos. No sabemos dónde acabará todo esto y ella ha insistido en que viniéramos a hablar con usted».

«Perdí a mi esposo hace cuatro años. Era médico y murió de cáncer, pero nunca me lo dijo y, más o menos, hasta el último año no me enteré de su enfermedad. Sufría terriblemente, a pesar de la morfina y otros sedantes que los médicos le suministraban. Ante mis propios ojos se fue consumiendo hasta morir.»

Casi asfixiada por sus propias lágrimas, guardó silencio. Posada en una rama había una paloma arrullándose pacientemente. Era de color gris oscuro, con la cabeza pequeña y el cuerpo grande –relativamente grande, claro, puesto que no dejaba de ser una paloma–. De pronto emprendió el vuelo y la rama osciló de arriba abajo por la presión del inicio del vuelo.

«Aunque parezca incomprensible, no puedo soportar esta soledad, esta existencia que carece de sentido sin mi esposo. Amaba a mis tres hijos –un niño y dos niñas–, y un día, el año pasado, mi hijo me escribió desde la escuela contándome que no se sentía bien; y poco después el director me telefoneó para decirme que había muerto.»

En este instante empezó a sollozar sin poder controlarse. A continuación mostró la carta del niño, donde expresaba su deseo de regresar a casa porque se sentía enfermo, y expresaba sus mejores deseos de que ella se encontrara perfectamente. Explicó que el niño se mostraba preocupado por ella; de hecho no quería ir al colegio, sino permanecer a su lado; pero ella, de alguna manera, lo había obligado a irse, temerosa de que su dolor pudiera afectarle. Ahora ya era demasiado tarde. Las dos niñas, añadió ella, no tenían plena conciencia de todo lo sucedido porque eran muy pequeñas. Súbitamente exclamó: «No sé qué hacer. Esta muerte ha sacudido mi vida hasta los cimientos. Porque, como si de una casa se tratara, construimos con mucho esmero nuestro matrimonio, pensando que tenía una base de sólidos cimientos, pero ahora este terrible suceso lo ha destruido todo».

Su tío debía de ser un hombre creyente, un tradicionalista, pues añadió: «Dios le ha enviado esta pena; pero, aunque ella ha cumplido todas las ceremonias necesarias, no le ha servido de nada. Yo personalmente creo en la reencarnación, pero eso no es ningún consuelo; no quiere ni oír hablar del tema, porque para ella nada tiene ya sentido; no hay forma posible de ayudarla».

Estuvimos allí sentados en silencio durante un rato. El pañuelo de la mujer estaba completamente empapado, de manera que sacamos uno limpio del armario, para que pudiera secar las lágrimas de sus mejillas. La buganvilla roja asomaba por la ventana y la brillante luz del Sur reposaba en todas sus hojas.

¿Quiere realmente hablar de esto, llegar hasta su misma raíz? ¿O busca sólo alguna explicación, algún razonamiento que la reconforte, algunas palabras satisfactorias que le hagan olvidar su dolor?

Ella contestó: «Me gustaría examinarlo con detenimiento, pero no sé si dispongo de la capacidad o la energía para enfrentarme a lo que seguidamente quiere plantearme. Cuando mi esposo vivía solíamos venir a algunas de sus charlas, pero ahora puede que me resulte difícil entender sus palabras».

¿Por qué sufre? No me dé una explicación, eso sólo sería una interpretación verbal de su sentimiento y no el hecho real. Cuando hagamos una pregunta, no conteste, por favor; simplemente escuche y trate de encontrar la respuesta por sí misma. ¿Por qué existe en todos los hogares, ricos y pobres, en todos los seres humanos, desde el hombre más poderoso de la Tierra hasta el mendigo, el dolor ante la muerte? ¿Por qué sufre realmente? ¿Es por su esposo o es por sí misma? Si llora por él, ¿pueden sus lágrimas ayudarle? Él se ha ido para siempre y, haga lo que haga, no conseguirá que regrese, ni lágrimas ni creencias ni ceremonias ni dioses pueden devolverle la vida. Es un hecho que debe aceptar; no puede hacer nada. Pero si llora por sí misma, porque se siente sola, por su vida vacía, por los placeres sensuales de que disfrutaba y por la compañía de su esposo, entonces llora por su propia vacuidad y por la lástima que siente de sí misma, ¿no es cierto? Quizás, por primera vez se dé cuenta de su propia pobreza interior. Si me permite decirlo, sin ningún ánimo de ofender, puso todas sus esperanzas en su esposo, y esa entrega le dio comodidad, satisfacción y placer, ¿verdad? Todo lo que siente ahora –la sensación de pérdida, la agonía de la soledad y de la ansiedad– es una forma de lástima por sí misma, ¿no es así? Obsérvelo, por favor. No se resista bloqueando su corazón y diciendo: «Amaba a mi esposo y en ningún momento pensé en mí misma; quería protegerlo, aunque a menudo trataba de dominarlo; pero todo lo hacía por su bien y nunca pensé en mí misma». Así pues, ahora que él se ha ido, ¿no es cierto que se da cuenta de su verdadera condición? La muerte de su esposo la ha sacudido y le ha mostrado el verdadero estado de su corazón y de su mente. Puede que no quiera afrontarlo, que lo rechace por miedo; pero si observa un poco más, verá que llora por su propia soledad, por su propia pobreza interior, es decir, por la lástima que siente de sí misma.

«Es usted un poco cruel, ¿no le parece, señor? –dijo ella–. He venido a verle buscando verdadero consuelo, y... ¿qué es lo que me está dando?»

Una de las ilusiones que tiene la mayoría de la gente, es creer que existe tal cosa como el consuelo interior, que alguien puede darle ese consuelo, o que uno puede encontrarlo. Siento decirle que tal cosa no existe. Si lo que busca es consuelo, vivirá presa en la ilusión y, cuando esa ilusión desaparezca, se sentirá triste porque dejará de tener el consuelo. Por tanto, para comprender el dolor o para superarlo, tiene que ver realmente lo que está sucediendo en su interior; no ocultarlo. Señalar todo esto no es crueldad, ¿no le parece? No es algo deshonroso de lo cual deba avergonzarse. Cuando lo vea todo con auténtica claridad, entonces lo soltará inmediatamente, sin un rasguño, sin mancha, renovada, intacta de cualquier acontecimiento de la vida. La muerte es inevitable para todos nosotros; nadie puede escapar de ella. Tratamos de buscar cualquier tipo de explicación, de encontrar apoyo en toda clase de creencias con la esperanza de trascender la muerte, pero hagamos lo que hagamos, la muerte es una realidad que está siempre a la vuelta de la esquina; puede que aparezca mañana o al cabo de muchos años, pero siempre esta ahí, presente. Uno tiene que aceptar este hecho inmenso de la vida.

«Sin embargo…», interrumpió su tío; y empezó a explicar la creencia tradicional en el *atman*, en el alma, en esa entidad permanente que continúa. Ahora se encontraba en su elemento, en ese camino tan frecuente plagado de sagaces argumentos y citas. Bruscamente, se había sentado erguido y se podía apreciar en sus ojos el grito de la batalla, la batalla de las palabras; habían desaparecido de él la simpatía, el afecto y la comprensión; se hallaba en su sagrado terreno de la creencia y de la tradición, apisonado por el fuerte peso del condicionamiento. «Sin embargo, ¡el *atman* está en cada uno de nosotros! Renace y continúa hasta darse cuenta de que es *Brahman*; y tenemos que pasar por el dolor para llegar a esa realidad, porque vivimos en la ilusión, el mundo es una ilusión; pero sólo hay una realidad.»

¡Y ahí terminó! Ella me miró sin prestarle mucha atención; pero su rostro empezaba a mostrar una sonrisa amable, y ambos nos pusimos a mirar a la paloma que había regresado y a la resplandeciente buganvilla roja.

No hay nada permanente en la Tierra ni en nosotros. El pensamiento puede dar continuidad a cualquier cosa en la que piense; puede dar continuidad a una palabra, a una idea, a una tradición, puede creerse a sí mismo permanente, pero ¿lo es? El pensamiento es la respuesta de la memoria y, ¿es permanente la memoria? Puede construir una imagen y darle a esa imagen continuidad, permanencia, llamándole *atman* o lo que sea; puede recordar el rostro del esposo o de la esposa y aferrarse a él; sin embargo, todo esto es la actividad del pensamiento; es el pensamiento quien crea el miedo, y, de ese miedo, nace la urgencia de tener lo permanente, miedo de no tener mañana el sustento o el abrigo necesario, el miedo a la muerte. Este miedo es producto del pensamiento, y *Brahman* también lo es.

Entonces su tío replicó: «La memoria y el pensamiento son como una vela; uno la apaga y la prende de nuevo; olvida y luego recuerda otra vez; se muere y renace de nuevo en otra vida. La llama de la vela es la misma y a la vez no lo es. De modo que en la llama hay cierta clase de continuidad».

Pero la llama que se apagó no es la llama nueva. Tiene que terminar lo viejo para que lo nuevo nazca. Si hay una constante continuidad modificada, entonces nunca hay nada nuevo. Los miles de ayeres no pueden renovarse; incluso la vela misma se consume. Todo tiene que terminar para que lo nuevo sea.

Ante esto, y no pudiendo hacer uso de citas, de creencias o de dichos ajenos, la actitud del tío fue la de retraerse y quedarse callado, totalmente desconcertado y un tanto furioso, porque se había desenmascarado a sí mismo y, al igual que su sobrina, no quería enfrentarse al hecho.

«No me interesa nada de esto –dijo ella–, soy terriblemente infeliz; he perdido a mi esposo, a mi hijo, y me quedan estas dos niñas, ¿qué he de hacer?»

Si de verdad le importan sus dos hijas, no puede vivir interesada en sí misma y afligida por su desgracia; tiene que velar por ellas, educarlas debidamente, y no contentarse con ofrecerles la mediocridad acostumbrada. Pero si sigue obsesionada por la lástima que se tiene a sí misma, a lo cual llama "amor a su esposo", y vive encerrada en su dolor, entonces está destruyendo también a sus dos hijas. Consciente o inconscientemente, todos somos unos perfectos egoístas y, mientras obtengamos lo que queremos, creemos que todo está bien. Pero en el momento en que un acontecimiento destruye lo que hemos construido, gritamos desesperados esperando encontrar un nuevo consuelo que, por supuesto, de nuevo volverá a ser destruido. De manera que éste es el proceso que continuará funcionando, y si quiere seguir atrapada en esta secuencia repetitiva, sabiendo perfectamente cuáles son sus consecuencias, entonces, ¡adelante! Pero si ve lo absurdo que es todo eso, entonces de forma natural dejará de llorar, dejará de aislarse, y vivirá junto a sus hijas con una nueva luz y con una sonrisa en el rostro.

CAPÍTULO 5

El silencio posee muchas cualidades. Existe el silencio entre dos ruidos, el silencio entre dos notas, y el silencio que se expande en el intervalo entre dos pensamientos. Existe, también, un silencio peculiar, sosegado, penetrante, que emana de un atardecer en el campo; está el silencio a través del cual se oye el ladrido de un perro que llega desde la distancia, o el silbido de un tren según va subiendo la pendiente; existe el silencio de una casa cuando todo el mundo duerme, y su peculiar intensidad cuando uno se despierta a medianoche y escucha el grito del búho en el valle; así como el silencio que precede a la respuesta de la hembra del búho. Está el silencio de una vieja casa desierta, el silencio de una montaña, y el silencio que comparten dos seres humanos cuando ambos han visto lo mismo, han sentido lo mismo, y han actuado.

Esa noche, y particularmente en aquel valle lejano con sus antiquísimas montañas y sus rocas de formas caprichosas, el silencio era tan real como la pared que uno tocaba. Por la ventana se veían las resplandecientes estrellas y el silencio no era autogenerado, ni era debido a que la tierra estuviera tranquila y los aldeanos dormidos, sino que venía de todas partes: de las estrellas distantes, de aquellos oscuros montes, y de la propia mente y el corazón de uno. Era un silencio que parecía cubrirlo todo, desde el diminuto grano de arena del lecho del río –que sólo sabía del agua cuando llovía–, hasta el alto y anchuroso baniano, junto con la leve brisa que empezaba a soplar.

Hay un silencio de la mente que ni el ruido ni el pensamiento o el viento pasajero de la experiencia pueden tocar. Este silencio es inocente y, por tanto, infinito. Cuando existe ese silencio en la mente surge de él una acción, y esa acción no genera confusión ni desdicha.

La meditación de una mente que está en completo silencio es la bendición que el ser humano siempre ha buscado. Ese silencio contiene todas las cualidades del silencio. Existe ese extraño silencio que reina en un templo o en una ermita vacía y perdida en un lugar recóndito lejos del ruido de turistas y adoradores; y el pesado silencio que yace sobre las aguas y que forma parte de aquello que está lejos del silencio de la mente.

La mente meditativa contiene todas estas variedades, cambios y movimientos del silencio. Ésa es la mente de verdad religiosa; y el silencio de los dioses es el silencio de la Tierra. La mente meditativa fluye en ese silencio y el amor es la forma como se expresa. En ese silencio hay alegría y bienaventuranza.

De nuevo regresó el tío, esta vez sin la sobrina que había perdido al esposo. Llegó vestido con mayor esmero y también más preocupado e inquieto; su rostro se había ensombrecido a causa de la tristeza y la ansiedad. El suelo donde nos sentamos era duro y la buganvilla roja nos contemplaba a través de la ventana. La paloma vendría probablemente un poco más tarde; acostumbraba a llegar alrededor de esta hora de la mañana y se posaba siempre en la misma rama, de espaldas a la ventana, con la cabeza señalando hacia el Sur, y su arrullo entraría suavemente por la ventana abierta.

«Me gustaría hablar acerca de la inmortalidad y de la perfección de la vida a medida que ésta evoluciona hacia la realidad última. A juzgar por lo que dijo el otro día, usted tiene una percepción directa de la verdad y nosotros que no la tenemos, sólo creemos en ella; no sabemos realmente nada sobre el *atman* y lo único que conocemos es la palabra. El símbolo se ha convertido para nosotros en lo real y cuando se clarifica realmente lo que es el símbolo –como hizo el otro día– nos sentimos atemorizados. Sin embargo, a pesar de este miedo nos aferramos al símbolo, porque en realidad no sabemos nada excepto lo que nos han dicho, lo que los maestros anteriores nos han enseñado y, por eso, llevamos siempre a cuestas el peso de la tradición. De modo que, en primer lugar, quisiera descubrir por mí mismo si existe esta "realidad" que es permanente, esta "realidad" –como quiera que uno la llame: *atman* o alma– que continúa después de la muerte. No le temo a la muerte, me he enfrentado a la muerte de mi esposa y de algunos de mis hijos, pero me preocupa este *atman* como realidad. ¿Existe en mí esta entidad permanente?»

Cuando hablamos de permanencia, nos referimos a algo que continúa a pesar del constante cambio que sucede a su alrededor, a pesar de las experiencias, a pesar de todas las ansiedades, tristezas y barbaridades; nos referimos a algo que es imperecedero, ¿no es cierto? En primer lugar, ¿cómo puede uno descubrirlo? ¿Puede eso buscarse por medio del pensamiento, por medio de las palabras? ¿Es posible encontrar lo permanente por medio de lo que no es permanente? ¿Puede buscarse lo inmutable utilizando aquello que está constantemente cambiando, o sea, el pensamiento? El pensamiento puede dar permanencia a una idea, ya sea el *atman* o el alma, y decir: «Esto es lo real», porque el pensamiento engendra el miedo al cambio constante y, de ese miedo, nace el deseo de buscar algo permanente –una relación permanente entre dos seres humanos, una permanencia en el amor.

Pero el pensamiento en sí mismo *es* efímero, *es* cambiante y, por tanto, cualquier cosa que invente como algo permanente, será igual que él, efímera. Puede aferrarse a un recuerdo durante toda la vida y considerarlo permanente, y luego querer saber si después de la muerte tendrá continuidad; pero es el pensamiento el que al aferrarse a ese recuerdo crea todo eso, le da continuidad y permanencia al alimentarlo día tras día. La permanencia es la mayor de las ilusiones, porque el pensamiento vive en el tiempo, y sigue recordando hoy y mañana aquello que experimentó ayer; así es como nace el tiempo, la permanencia del tiempo, y la permanencia que el pensamiento le ha dado a la idea de alcanzar algún día la verdad. El miedo, el tiempo, el logro, el eterno devenir son todo producto del pensamiento.

«Pero ¿quién es el pensador, el pensador que tiene todos estos pensamientos?»

¿Existe realmente el pensador o existe sólo el pensamiento que crea al pensador y, una vez creado, inventa lo permanente: el alma, el *atman*?

«¿Quiere decir que uno deja de existir cuando no piensa?»

¿No le ha sucedido alguna vez, de forma natural, que se encuentra en un estado en el cual el pensamiento está por completo ausente? Cuando eso sucede, ¿es consciente de que el pensador, el observador, el experimentador, es uno mismo? El pensamiento es la respuesta de la memoria y el conjunto de recuerdos es el pensador. Pero cuando no hay pensamiento, ¿existe acaso un "yo", en torno al cual hacemos tanto ruido y alboroto? No me refiero a la persona que se halla en estado de amnesia, ni a la que vive en un ensueño diario o aquella que controla el pensamiento para silenciarlo, sino a una mente que está por completo despierta y atenta. Si no hay pensamiento ni palabra, ¿no tiene la mente una dimensión del todo diferente?

«Por supuesto que es muy diferente cuando el "yo" no actúa, cuando no se reafirma, pero esto no significa necesariamente que el "yo" no exista simplemente porque no esté activo.»

¡Desde luego que existe! El "yo", el ego, el conjunto de recuerdos existe. Sólo vemos que existen cuando reaccionamos a un reto, pero están siempre en nosotros –quizás latentes o en suspenso– esperando la próxima oportunidad para reaccionar. Un hombre codicioso está ocupado la mayor parte del tiempo en su codicia; puede que en ciertos momentos la codicia esté inactiva, pero sigue estando presente.

«¿Y cuál es esa entidad activa que se expresa en la codicia?»

Sigue siendo la codicia; no hay separación entre ambas.

«Comprendo perfectamente a lo que llama el ego, el "yo", con sus memorias, sus codicias, con sus reafirmaciones de sí mismo y toda clase de exigencias, pero ¿no existe nada a excepción de este ego? Si el ego deja de existir, ¿quiere decir que sólo hay inconciencia?»

Cuando esos cuervos dejan de hacer ruido, hay algo, y ese algo es el parloteo de la mente: los problemas, preocupaciones, conflictos, e incluso esta cuestión de lo que continúa después de la muerte. Una pregunta como ésa sólo puede contestarse cuando la mente deja de ser egoísta o envidiosa. Nuestro interés no es saber lo que hay una vez termina el ego, sino más bien terminar con todas las manipulaciones del ego. Ésta es la verdadera cuestión; no se trata de saber lo que es la realidad, ni si hay algo permanente o eterno, más bien si la mente, que está tan condicionada por la cultura en la que vive y de la cual es responsable, si esa mente puede liberarse a sí misma y ser perceptiva.

«¿Cómo puedo, entonces, empezar a liberarme?»

Uno no puede liberarse a sí mismo. Uno es la semilla de este sufrimiento y, cuando pregunta "cómo", está buscando un método para destruir el "yo"; pero en el proceso de destruir el "yo" empieza a crear otro "yo".

«Si me permite hacer otra pregunta, ¿qué es entonces la inmortalidad? La mortalidad es muerte; la mortalidad es la vida que conocemos, con su dolor y amargura. El hombre ha buscado sin cesar una inmortalidad, un estado sin muerte.»

De nuevo, señor, ha regresado al tema de lo intemporal, de lo que está más allá del pensamiento. Lo que está más allá del pensamiento es la inocencia, y el pensamiento, haga lo que haga, no puede aproximarse a ella porque es siempre viejo. La inocencia, como el amor, es inmortal; pero para que eso exista, la mente debe liberarse de los miles de ayeres con sus recuerdos. La libertad es un estado en el que no hay odio, crueldad, ni violencia. Sin solucionar todo esto, ¿cómo podemos preguntar qué es la inmortalidad, qué es el amor y qué es la verdad?

CAPÍTULO 6

Si uno se propone meditar, eso no será meditación; si uno se propone ser bueno, nunca florecerá la bondad; si cultiva la humildad, eso no es humildad. La meditación es como la brisa que entra cuando se deja la ventana abierta; pero si uno la mantiene abierta intencionadamente, si premeditadamente la invita a entrar, nunca aparecerá.

La meditación no está al alcance del pensamiento, porque el pensamiento es astuto, tiene infinitas posibilidades de engañarse a sí mismo y, por tanto, nunca encontrará ese estado meditativo. Es como el amor, no podemos perseguirlo.

Aquella mañana el río estaba muy calmado. En sus aguas se veían reflejadas las nubes, el nuevo trigo invernal y el bosque más distante; ni siquiera el bote del pescador parecía perturbarlo; la quietud de la mañana descansaba sobre la Tierra. El Sol apenas despuntaba por encima de los árboles y una voz lejana llamaba a alguien, mientras un canto muy cercano en sánscrito flotaba en el aire.

Los loros y los mirlos no habían comenzado aún a buscar alimento; los buitres, con el cuello pelado, se posaban pesadamente en la copa del árbol, esperando la carroña que llegaría flotando río abajo. A menudo se veía un animal muerto arrastrado por las aguas, con un buitre o dos sobre su cuerpo, mientras otros cuervos aleteaban alrededor con la esperanza de conseguir un bocado. Algún perro solía nadar intentando llegar al cadáver, pero al perder pie regresaba a la orilla para seguir deambulando. Pasaba un tren produciendo un traqueteo metálico a través del largo puente; y en la distancia, río arriba, se extendía la ciudad.

Era una mañana llena de una calma encantadora. Por la carretera todavía no caminaban la pobreza, la enfermedad y el dolor. Había un puente tambaleante que cruzaba el pequeño arroyo y el punto donde este pequeño arroyo, de color marrón sucio, se unía al gran río, se consideraba el más sagrado de los lugares, de modo que hombres, mujeres y niños venían los días festivos a darse un baño. La mañana era fría, pero a ellos no parecía importarles; y el sacerdote del templo que había al otro lado del camino recibía sumas de dinero. Había comenzado la fealdad.

Era un hombre con barba y llevaba puesto un turbante. Se dedicaba a cierta clase de negocio y parecía disfrutar de una situación próspera; se le veía bien alimentado. Era lento en su modo de andar y pensar, y sus reacciones eran aún más lentas; se tomaba algunos minutos para entender una sencilla frase. Dijo que tenía su propio *gurú*, pero al pasar cerca de aquí había sentido la imperiosa necesidad de subir para conversar sobre cuestiones que le parecían importantes.

«¿Por qué está usted en contra de los *gurús*? –preguntó–. ¡Me parece tan absurdo! Ellos saben y yo no; pueden guiarme, ayudarme, decirme lo que debo hacer, y evitarme muchas calamidades y molestias. Son como una luz en las tinieblas y uno tiene que dejarse guiar por ellos, de lo contrario estaría perdido, confuso y en gran desdicha. Me aconsejaron que no debía venir a verle y me mostraron el peligro de aquellos que no aceptan el conocimiento tradicional. Me dijeron que, si escuchaba a otros, estaría destruyendo la casa que con tanto cuidado ellos habían construido, pero la tentación de venir a verle era tan fuerte que… ¡aquí estoy!»

Parecía estar complacido de haber cedido a la tentación.

¿Por qué necesita un *gurú*? ¿Cree que él sabe más que uno mismo? ¿Qué es lo que él sabe? Si alguien dice que sabe, en realidad no sabe nada; además, la palabra en sí no es el hecho real. ¿Puede alguien enseñarle ese estado extraordinario de la mente? Posiblemente sean capaces de describirlo, de despertar el interés de uno, o el deseo de poseerlo y experimentarlo, pero no pueden dárselo. Uno tiene que andar por sí mismo, ha de hacer ese viaje solo, y en ese viaje uno tiene que ser su propio maestro y discípulo.

«Pero todo esto es muy difícil, ¿no es cierto? –replicó–, y los que tienen la experiencia de esa realidad pueden aligerar nuestros pasos.»

Ellos se convierten en la autoridad y todo cuanto uno tiene que hacer, de acuerdo con lo que dicen, es seguirlos, imitarlos, obedecerlos, aceptar la imagen y el sistema que ofrecen. De esa manera, uno pierde toda iniciativa, toda percepción directa; nos limitamos a seguir el camino que, según ellos, conduce a la verdad, pero, lamentablemente, no hay camino alguno hacia la verdad.

«¿Qué quiere decir con eso?», exclamó, perplejo.

Los seres humanos están condicionados por la propaganda, por la sociedad en la que se han criado, donde cada religión afirma que su propio camino es el mejor. Hay miles de *gurús* que sostienen que sus métodos, su sistema, su forma de meditación son el único camino que conduce a la verdad. Y si uno observa con atención, ve que cada discípulo tolera, complaciente, a los discípulos de otros *gurús*. La tolerancia es la aceptación civilizada de una división entre las gentes –política, religiosa o social–. El hombre ha inventado muchos caminos, a conveniencia de cada creyente, y, de ese modo, el mundo se ha fragmentado.

«¿Quiere decir que debo renunciar a mi *gurú*, abandonar todo lo que me ha enseñado? ¡Estaría perdido!»

Pero... ¿no cree necesario sentirse perdido para poder descubrir? Tememos sentirnos perdidos, no estar seguros, por eso corremos tras aquellos que nos prometen el cielo en el aspecto religioso, en el político o en el social. De manera que fomentan conscientemente el temor y nos mantienen prisioneros en ese temor.

«¿Quiere decir que soy capaz de caminar por mí mismo?», preguntó con voz llena de incredulidad.

Ha habido muchos salvadores, maestros, *gurús*, jefes políticos o filósofos, y ninguno de ellos ha solucionado el propio conflicto ni la desdicha de uno. Entonces, ¿por qué seguirlos? Quizá haya otra forma muy distinta de afrontar todos nuestros problemas.

«Pero ¿soy lo suficientemente serio como para encarar todo esto por mí mismo?»

Uno no es serio hasta que empieza a comprender –a comprender por sí mismo, no a través de otro– los placeres que persigue. Si vive en el ámbito del placer –no es que no deba existir el placer, pero si esa persecución del placer es el principio y el fin de su vida–, entonces, evidentemente, no puede ser serio.

«Usted me hace sentir impotente y desesperado.»

Se siente desesperado porque desea ambas cosas: quiere ser serio y quiere también todos los placeres que el mundo le ofrece. Sin embargo, debido a que esos placeres son tan pequeños y mezquinos, desea además el placer al que llama "Dios". Cuando valore todo esto por sí mismo, no según algún otro, entonces al verlo se convertirá en su propio maestro y discípulo. Esto es lo realmente importante, ser uno mismo el maestro, el alumno y la enseñanza misma.

«Pero usted es un *gurú* –afirmó él–; esta mañana me ha enseñado algo y yo lo acepto como mi *gurú*.»

No es que le haya enseñado nada, sino que lo ha *mirado*.

El acto de mirar le ha mostrado algo; el mirar ha sido su propio *gurú*, si quiere expresarlo de esta manera. Depende de cada uno mirar o no, nadie puede obligarle. Pero si mira porque quiere ser recompensado o por miedo al castigo, ese motivo le impide que pueda ver. Para ver tenemos que estar libres de cualquier autoridad, tradición, temor, y del pensamiento con sus astutas palabras. La verdad no se encuentra en algún lugar distante; la verdad está en la observación de *lo que es*. Verse a uno mismo tal como es –desde ese estado de darse cuenta en el que no entra ninguna forma de elección– es el principio y el final de toda búsqueda.

CAPÍTULO 7

El pensamiento no puede comprender ni explicarse a sí mismo qué es el espacio. Cualquier cosa que el pensamiento formule estará dentro de los límites de sus propias fronteras y, obviamente, ése no es el espacio donde la meditación pueda darse. El pensamiento tiene siempre un horizonte, pero la mente meditativa no lo tiene. La mente no puede pasar de lo limitado a lo inmenso, ni puede transformar lo limitado en ilimitado; lo uno tiene que cesar para que lo otro sea. La meditación consiste en abrir la puerta a una inmensidad que no es posible imaginar ni especular sobre ella. El pensamiento es el centro alrededor del cual existe el espacio de la idea y ese espacio puede expandirse con nuevas ideas, pero esa expansión que es fruto de cualquier estímulo, no es la inmensidad sin centro. La meditación es comprender ese centro y, por tanto, ir más allá de él. El silencio y la inmensidad van juntos, y la inmensidad del silencio es la inmensidad de una mente que no tiene centro. La percepción de este espacio y del silencio no son cosa del pensamiento, porque el pensamiento sólo puede percibir sus propias proyecciones; y cuando las reconoce, ésa es su propia limitación.

Se cruzaba el arroyuelo por un puente destartalado, hecho de cañas de bambú y barro. El arroyo se unía al río grande y desaparecía en la corriente impetuosa de sus aguas. El pequeño puente estaba lleno de agujeros y teníamos que caminar con mucho cuidado. Después de subir la cuesta arenosa, se pasaba cerca de un pequeño templo y, más adelante, junto a un pozo que era tan viejo como los pozos de la Tierra. El pozo se encontraba en un recodo de la aldea, donde había muchas cabras, así como hombres y mujeres hambrientos con el cuerpo envuelto en sucias telas; hacía mucho frío. Los hombres pescaban en el río grande, pero aun así, estaban muy flacos, demacrados, envejecidos, y algunos de ellos mutilados. En pequeños aposentos lúgubres y oscuros, de ventanas muy pequeñas, las tejedoras de la aldea fabricaban saris bellísimos en seda y brocado. Era una industria que pasaba de padres a hijos, pero los que se quedaban con las ganancias eran los revendedores y tenderos.

La gente no atravesaba la aldea, sino que doblaba a la izquierda y seguía un sendero que se consideraba sagrado, porque se suponía que el Buda lo había recorrido 2.500 años atrás, y peregrinos de todo el país venían a recorrerlo. Este sendero cruzaba verdes campiñas, entre plantaciones de mangos, guayabos, y de algunos templos dispersos. Una de las antiguas aldeas, probablemente más vieja que el Buda, tenía muchos santuarios y lugares donde los peregrinos podían pasar la noche. Todo estaba medio en ruinas, pero a nadie parecía preocuparle demasiado, mientras las cabras vagaban por el lugar. Había grandes árboles, y un viejo tamarindo tenía la copa cubierta de buitres y de una bandada de loros. Se les veía llegar y luego desaparecían entre el verde follaje del árbol; su color era idéntico al de las hojas y, aunque se oían sus chillidos, era imposible verlos.

A ambos lados del sendero se extendían los sembrados de trigo invernal; a lo lejos se veía a los aldeanos y el humo del fuego sobre el cual cocinaban; había una gran quietud, mientras el humo ascendía en línea recta. Un toro fuerte, de apariencia feroz pero más bien inofensivo, vagaba por los sembrados comiendo el grano a medida que el agricultor lo dispersaba a lo largo y ancho del campo. Había llovido durante la noche y el polvo espeso se había asentado en el suelo. El Sol calentaría con más fuerza durante el día, pero ahora había nubes densas y era agradable caminar a la luz del día, oler la tierra limpia y ver la belleza del lugar. Era una tierra muy antigua, llena de encanto, y de tristeza humana, con tanta pobreza y aquellos templos inútiles.

«Habla mucho acerca de la belleza y el amor, y después de escucharle no sé exactamente lo que significan ninguna de estas dos palabras. Soy un hombre corriente, pero he leído mucho, tanto libros de filosofía como de literatura. Según parece, las explicaciones que los libros ofrecen difieren de lo que usted dice. Podría citarle lo que los antepasados de este país mencionan sobre el amor y la belleza, y también lo que creen en Occidente, pero ya sé que no le gustan las citas, debido a la autoridad que sutilmente implican. Pero, señor, si le parece bien, podríamos examinarlo y, tal vez, seré capaz de comprender lo que el amor y la belleza significan.»

¿Por qué en nuestras vidas hay tan poca belleza? ¿Por qué son necesarios los museos con sus pinturas y estatuas? ¿Por qué tenemos que escuchar música o leer descripciones de paisajes? El buen gusto puede enseñarse o quizás sea innato en uno, pero el buen gusto no es belleza. ¿Se encuentra la belleza en las cosas que hemos construido –en el flamante avión, en la grabadora, en el fastuoso hotel moderno o el templo griego, en la belleza de las líneas, en la complicada máquina, o en el arco de un hermoso puente que cruza una profunda cavidad?

«¿Quiere decir que no hay belleza en las cosas que están maravillosamente construidas y funcionan a la perfección? ¿No hay belleza en una obra artística de calidad sublime?»

Por supuesto que la hay. Cuando uno observa el interior de un reloj de bolsillo, ve que es increíblemente delicado y que posee cierta cualidad de belleza, como la tienen algunas columnas de mármol antiguas o las palabras de un poeta. Pero si la belleza se reduce a eso, entonces se trata sólo de la reacción superficial de los sentidos. Cuando uno ve una palmera, solitaria frente a la puesta del Sol, ¿es el color, la quietud de la palmera, la paz del atardecer lo que hace que uno sienta la belleza? ¿O es la belleza, como el amor, algo que está más allá del tacto y de la vista? ¿Es cuestión de educación, de condicionamiento, el decir: «Esto es bello y aquello no lo es»? ¿Es cuestión de costumbre, de hábito, de estilo, decir: «Esto es inmundicia, pero eso es orden y en él florece la bondad»? Si en realidad es todo una cuestión de condicionamiento, entonces es un producto de la cultura y de la tradición y, por tanto, no es belleza. Si la belleza es el resultado o la esencia de la experiencia, entonces, tanto para el hombre de Occidente como el de Oriente, la belleza depende de la educación y de la tradición. ¿Es el amor, como la belleza, privativo del Este o del Oeste, del cristianismo o del hinduismo, del monopolio del Estado o de una ideología? Obviamente no es nada de esto.

«Entonces, ¿qué es?»

Como sabe, señor, la austeridad de la propia renuncia es belleza. Sin austeridad no hay amor; y sin esa renuncia, la belleza carece de realidad. Por austeridad entendemos, no la rigurosa disciplina del santo, del monje o del comisario político con su orgullosa abnegación, o la disciplina que les da poder y reconocimiento, eso no es austeridad. La austeridad no es rigurosa, no es una reafirmación disciplinada de la importancia personal de uno, no es la negación de toda comodidad, o los votos de pobreza y celibato. La austeridad es inteligencia suma; únicamente puede existir cuando hay la propia renuncia, y eso no puede ser fruto de la voluntad, de la elección, o de un intento deliberado. El acto de la belleza es lo que genera el abandono, y es el amor lo que trae la profunda claridad interna de la austeridad. La belleza es ese amor, y cuando hay amor toda comparación y medida han terminado. Entonces ese amor, haga lo que haga, es belleza.

«¿Qué quiere decir con "haga lo que haga"? Si uno renuncia a sí mismo, no le queda nada por hacer.»

El hacer no está separado de *lo que es*. Lo que engendra conflicto y perversidad es la separación; cuando esa separación no existe, el mismo vivir es un acto del amor. La profunda sencillez interna de la austeridad hace que la vida no tenga dualidad alguna. Éste es el viaje que la mente debe emprender, para descubrir la belleza que las palabras no pueden expresar; y este viaje es meditación.

CAPÍTULO 8

La meditación es una tarea muy ardua. Exige la más alta forma de disciplina, no de conformidad, de imitación y obediencia, sino una disciplina que es resultado de un constante darse cuenta, no sólo de las cosas externas, sino también de las internas. De modo que la meditación no es una actividad que deba practicarse en aislamiento, sino que es acción cotidiana, y requiere cooperación, sensibilidad e inteligencia. Sin haber echado los cimientos de una vida de rectitud, la meditación se convierte en un escape y, por tanto, no tiene valor alguno. Llevar una vida recta no consiste en seguir los cánones de la moralidad social, sino en liberarse de la envidia, de la codicia y el ansia de poder –que son los causantes de la enemistad–; y no podemos liberarnos de ellos por la acción de la voluntad, sino dándonos cuenta de su presencia al descubrirnos y conocernos a nosotros mismos. Si no se conocen las actividades del "yo", la meditación se convierte en una excitación de los sentidos y tiene, por consiguiente, muy poca importancia.

En esa latitud apenas se percibía crepúsculo o amanecer alguno, y esa mañana el río, ancho y profundo, era de plomo fundido. El Sol no había asomado aún sobre la Tierra, pero se veía un vivo resplandor en el Este. Los pájaros no habían empezado a entonar todavía su habitual coro matutino, ni se escuchaban aún las voces de los aldeanos hablando entre ellos. El lucero del alba brillaba muy alto en el firmamento y, según lo observábamos, iba palideciendo poco a poco hasta que el Sol asomó sobre los árboles, y el río se tornó de oro y plata.

Entonces comenzaron a cantar los pájaros y despertó la aldea. De pronto apareció en el alféizar de la ventana un mono grande, gris, de cara negra y frente peluda. Tenía las manos negras y su larga cola descansaba sobre el alféizar colgando dentro de la habitación. Se mantuvo sentado allí muy quieto, casi inmóvil, mirándonos sin hacer un solo movimiento. Estábamos muy cerca, a un metro escaso uno de otro; de repente extendió el brazo y nuestras manos se estrecharon unidas durante un rato. Su mano era áspera, negra, y estaba sucia de polvo debido a que había subido a través del tejado, por encima del pretil de la parte superior de la ventana, y había bajado luego a sentarse en el alféizar. Se le veía muy tranquilo y lo sorprendente era que estaba extraordinariamente alegre, sin temor ni ansiedad; se sentía como en su casa. Allí estaba, con el río convertido ahora en oro brillante y, más allá, la verde ribera y los árboles lejanos. Nuestras manos estuvieron unidas por un tiempo; después, con tranquilidad, retiró su mano, pero se quedó donde estaba. Nos mirábamos el uno al otro, y sus ojos negros y pequeños brillaban llenos de extraña curiosidad. Quiso entrar en la habitación, pero vaciló; en lugar de eso, extendió sus brazos y sus patas, alcanzó el pretil, subió al tejado y se fue. Al atardecer estaba de nuevo en lo alto de un árbol, comiendo algo; le saludamos con la mano, pero no hubo respuesta.

El hombre era un *sannyasi*, un monje, con un rostro amable, más bien delicado, y unas manos sensibles. Iba limpio y su túnica había sido lavada recientemente, pero no planchada. Dijo que venía de Rishikesh, donde había pasado muchos años bajo la dirección de un *gurú*, el cual acababa de retirarse a las altas montañas y permanecía solo. Había estado en varios *ashrams*, después de haber abandonado hacía muchos años su casa, quizás desde que tenía veinte –no lo recordaba bien–, y aunque tenía parientes, varias hermanas y hermanos, había perdido todo contacto con ellos. La razón de haber venido y haber hecho un largo viaje, era porque además de algunas cosas que había leído aquí y allá, varios *gurús* le habían aconsejado que viniera a vernos, y recientemente un compañero *sannyasi* había insistido en que lo hiciera; por eso estaba aquí. No se podía predecir su edad; parecía de edad mediana, pero su voz y sus ojos se mantenían aún jóvenes.

«Ha sido mi suerte vagar por la India visitando varios centros con sus *gurús*; algunos de ellos son eruditos, otros ignorantes aunque tienen una cualidad que indica que algo hay en ellos, mientras que otros son meros explotadores que sacan partido de sus *mantras*; estos últimos han salido a menudo fuera del país y se han hecho famosos, pero muy pocos se han mantenido alejados de todo esto, y entre esos pocos estaba mi último *gurú*. Ahora se ha retirado a una remota y aislada parte del Himalaya, aunque un numeroso grupo de discípulos vamos a verle una vez al año, para recibir su bendición.»

¿Es necesario aislarse del mundo?

«Evidentemente uno tiene que renunciar al mundo, porque el mundo es irreal, y uno debe tener como maestro a un *gurú*, ya que él ha tenido experiencia de la realidad y puede ayudar a sus seguidores a encontrarla. Él sabe y nosotros no sabemos. Nos sorprende que usted diga que el *gurú* no es necesario, porque eso está en contra de la tradición. Usted mismo se ha convertido en *gurú* para muchos; uno no puede encontrar la verdad por sí mismo, necesita ayuda, necesita los rituales y la guía de aquellos que saben. Quizás al final, uno puede permanecer solo, pero no ahora; somos niños y necesitamos a aquellos que han avanzado por el sendero. Únicamente sentándose a los pies del sabio, uno aprende.

Pero usted parece negar todo esto y he venido a averiguar seriamente por qué.»

Observe ese río, la luz de la mañana reflejada en él, mire esos centelleantes trigales de un verde cautivador, y los árboles a lo lejos. Todo tiene una gran belleza y, para comprenderla, los ojos que la contemplan deben estar llenos de amor. Escuchar el traqueteo del tren sobre el puente de hierro es tan importante como escuchar la voz del ave. De manera que mire, escuche el arrullo de esas palomas, observe ese tamarindo y los dos loros de color verde que hay en él. Para verlos, los ojos deben estar en comunión con ellos –con el río, con ese bote que pasa repleto de aldeanos que cantan mientras reman–. Todo esto forma parte del mundo; si uno renuncia a eso, está renunciando a la belleza y al amor, a la Tierra misma. Ha rechazado la sociedad de los hombres, pero no las cosas que el hombre ha hecho en el mundo; no ha renunciado a la cultura, a la tradición, al conocimiento; todo eso le acompañó cuando se retiró del mundo. Ha renunciado a la belleza y al amor, porque tiene miedo de esas dos palabras y a lo que puedan significar. La belleza se asocia con la realidad sensorial, con sus implicaciones sexuales, y con el amor que le acompaña. Esta renuncia ha hecho que los hombres llamados religiosos se vuelvan seres egocéntricos, quizá de una forma más sofisticada que el hombre común, pero sigue siendo egocentrismo. Si no tiene belleza y amor, no es posible descubrir lo inconmensurable. Si observa bien el mundo de los monjes y santos, verá que la belleza y el amor están lejos de ellos; puede que hablen de esas cosas, pero tienen una disciplina férrea, son violentos en sus restricciones y exigencias. De modo que, en esencia, no importa qué túnica vistan –ya sea la de color azafrán, la negra, o la escarlata del cardenal–, todos ellos son muy mundanos; la suya es una profesión como cualquier otra y, sin duda, no tiene nada de lo que lla-

mamos espiritual. Algunos de ellos deberían ser hombres de
negocios, en vez de darse ínfulas de espiritualidad.

«Pero, señor, está usted siendo demasiado crítico, ¿no le
parece?»

No; simplemente estoy exponiendo un hecho, y el hecho
no es demasiado crítico, agradable o desagradable, es *lo que
es*. La mayoría de nosotros nos resistimos a encarar las cosas
tal como son. Todo lo que estamos diciendo es bastante obvio y sin rodeos. El curso de la vida y el mundo tienden al aislamiento; cada ser humano, a través de sus actividades egocéntricas, se va aislando, no importa que esté casado o no,
que hable de cooperación y de ciudadanía, o de logros y éxitos personales. Sólo cuando este aislamiento llega al límite,
se desarrolla una neurosis que a veces produce –si se tiene talento– arte, buena literatura, etcétera. Retirarse del mundo y
de todo su ruido, de su brutalidad, de su odio y placer, es parte del proceso de aislamiento, ¿no es así? La única diferencia
es que el *sannyasi* lo hace en nombre de la religión o de Dios,
mientras que el hombre competitivo lo acepta como una parte de la estructura social.

Es cierto que en ese aislamiento uno alcanza ciertos po-
deres, cierto grado de austeridad y templanza, que otorgan
una sensación de poder, pero el poder, ya sea el del campeón
olímpico, el del Primer Ministro, o el de la autoridad suprema de las iglesias y los templos, es siempre el mismo. El poder, en cualquier forma que se manifieste, es maligno –si me
permite usar esta palabra–, y el hombre con poder nunca puede abrir la puerta de la realidad. Por tanto, el aislamiento no
es el camino.

La cooperación es necesaria para poder vivir, y entre el
gurú y su seguidor, no hay cooperación de ninguna clase. El
gurú destruye al discípulo y el discípulo destruye al *gurú*. En
esa relación entre el que sabe y el que no sabe, ¿cómo pue-

de haber cooperación, cómo pueden trabajar juntos, investigar juntos, hacer el viaje juntos? Esa división jerárquica, que es parte de la estructura social, ya sea en el campo religioso, en el ejército o en la esfera de los negocios, es esencialmente mundana; y renunciar al mundo es seguir atrapado en lo mundanal.

Dejar de ser mundano no consiste en llevar un taparrabos, en hacer una sola comida al día, ni en repetir sin sentido una máxima, una frase, o ser estimulado por un *mantra*. Aunque abandone el mundo sigue siendo mundano; internamente sigue formando parte del mundo de la envidia, de la codicia, del temor, aceptando la autoridad y la división entre el que sabe y el que no sabe; buscar algo personal sigue siendo mundano, ya sea buscar la fama, o lo que uno llama el ideal, Dios o lo que sea. Aceptar la tradición de la cultura es básicamente mundano, y retirarse a una montaña lejos de la civilización no evita que uno sea mundano. La realidad, bajo ningún concepto, está en esa dirección.

Uno tiene que estar solo, pero esta soledad no es aislamiento; esta soledad significa estar libre del mundo de la codicia, del odio, de la violencia, sean cuales sean sus sutilezas, estar libre del dolor de la soledad y de la desesperación.

Estar solo significa no pertenecer a nada, a ninguna religión o nación, a ninguna creencia ni dogma. Únicamente en esa soledad uno encuentra la inocencia que nunca ha sido tocada por la maldad del hombre, y esa inocencia puede vivir en el mundo, en medio de toda su confusión y, aun así, no formar parte de él. La inocencia no lleva ninguna vestidura particular. El florecimiento de la bondad no depende de sendero alguno, porque no hay sendero que conduzca a la verdad.

CAPÍTULO 9

No crean que la meditación es una continuación y una expansión de la experiencia. En la experiencia está siempre presente el testigo, y el testigo depende en todo momento del pasado. La meditación, en cambio, es completa inacción, que es el final de toda experiencia. La acción de la experiencia tiene sus raíces en el pasado y, por tanto, está ligada al tiempo, conduce a una acción que es inacción, y eso crea desorden. La meditación es la inacción total que nace de una mente que ve *lo que es*, sin la intervención del pasado. Esa acción no es una respuesta frente a cualquier reto, sino la acción del reto mismo, en la cual no hay dualidad. La meditación consiste en vaciar la mente de experiencias y, consciente o inconsciente, seguir así todo el tiempo, de tal forma que no sea una acción limitada a cierto período concreto del día; es una acción constante de la mañana a la noche; es la observación sin el observador y, por eso, no hay división entre la vida diaria y la meditación, entre la vida religiosa y la secular. La división aparece sólo cuando existe el observador que está atado al suceder del tiempo; y en esta división hay desorden, desdicha y confusión, que es el estado actual en el que se halla la sociedad.

La meditación, pues, no es individualista, ni es social, trasciende ambos estados y por eso mismo incluye a ambos. Esto es amor: el florecimiento del amor es meditación.

Había hecho frío muy de mañana, pero el calor fue aumentando a medida que iba transcurriendo el día; y mientras cruzábamos el pueblo recorriendo las calles estrechas, atestadas de gente, sucias, polvorientas y ruidosas, uno se daba cuenta de que todas eran iguales, casi se podía *palpar* la explosión demográfica. El automóvil tenía que ir muy despacio porque la gente caminaba por el centro mismo de la calle. El calor se fue haciendo sofocante y, poco a poco, abriéndonos paso a bocinazos, pudimos salir del pueblo, lo cual fue un auténtico alivio. Pasamos las fábricas y, por fin, salimos al campo.

Los campos estaban resecos; hacía tiempo que no llovía y los árboles ahora esperaban las próximas lluvias, pero aún les quedaba una larga espera. A medida que avanzábamos, íbamos dejando atrás aldeanos, ganado, carretas de bueyes, y búfalos que se negaban a abandonar el centro de la carretera; pasamos junto a un viejo templo de aspecto descuidado, pero que conservaba su cualidad de antiguo santuario. Un pavo real salió del bosque, con el brillante cuello azul resplandeciente al Sol, y no se inmutó al ver al automóvil, ya que cruzó la carretera con gran dignidad y desapareció entre los sembrados.

Luego empezamos a subir por empinadas cuestas, en ocasiones con profundas quebradas a ambos lados. Ahora el ambiente era más frío y los árboles se veían más lozanos. Después de serpentear por los montes algún tiempo, llegamos a la casa cuando empezaba a oscurecer. Se apreciaban claramente las estrellas; uno sentía que podía alargar el brazo y tocarlas. El silencio de la noche se extendía sobre la Tierra. Aquí el ser humano podía estar solo sin que nada le perturbara, contemplar las estrellas y mirarse a sí mismo sin fin.

El hombre comentó que un tigre había matado a un búfalo el día anterior y que seguramente regresaría a buscarlo; nos preguntó si queríamos ir a ver al tigre cuando oscureciera del todo. Contestamos que nos encantaría hacerlo. Entonces nos dijo: «Iré y prepararé un refugio en un árbol cercano al animal muerto, y ataré una cabra al árbol de tal forma que el tigre se dirigirá primero hacia la cabra viva antes de regresar al búfalo muerto». Le contestamos que si tenía que ser a costa de la cabra, preferíamos no ver al tigre. Curiosamente y después de una serie de explicaciones, se fue. Pero más tarde al anochecer, nuestro amigo nos comentó: «Si vamos al bosque en el automóvil, quizá nos encontremos con el tigre». De modo que cuando se ponía el Sol, recorrimos con el automóvil ocho o nueve kilómetros a través del bosque y, por supuesto, no vimos tigre alguno. Entonces decidimos regresar, pero ahora con los faros delanteros iluminando la carretera. Habíamos perdido toda esperanza de ver al tigre y seguíamos nuestra marcha avanzando sin pensar en él. Y, de pronto, al doblar una curva, allí estaba en medio de la carretera; era enorme, con los ojos brillantes y fijos. El automóvil se detuvo y el animal, gigantesco y amenazador, se dirigió gruñendo hacia nosotros hasta llegar muy cerca, justo delante del radiador; entonces, girando un poco, caminó hacia un lado del automóvil. Saqué la mano para acariciarlo mientras caminaba, pero mi amigo me agarró el brazo y tiró de él hacia atrás bruscamente, porque conocía muy bien a los tigres. Era muy largo y, como las ventanillas estaban abiertas, nos llegaba su olor, un olor que no era repulsivo; había en él una ferocidad dinámica, gran poder y belleza. Aún gruñendo desapareció en el bosque y nosotros seguimos nuestro camino de vuelta a casa.

Vino acompañado de su familia –esposa y varios hijos– y no parecían gozar de mucha prosperidad, aunque estaban bien vestidos y bien alimentados. Durante un rato los niños permanecieron sentados en silencio, pero cuando sugerimos que podían salir a jugar, aliviados dieron un brinco y corrieron hacia afuera. El padre era funcionario público de algo; cumplía con su trabajo y eso era todo. Así que preguntó: «¿Qué es la felicidad y por qué no puede estar presente cada instante de la vida? He tenido momentos de gran felicidad y, por supuesto, también de gran dolor; me he esforzado para vivir feliz, pero siempre aparece el sufrimiento. ¿Es posible mantener la felicidad?».

¿Qué es la felicidad? ¿Sabe cuándo es feliz, o lo sabe un momento después cuando ha dejado de serlo? ¿Es la felicidad placer y puede el placer ser constante?

«Yo diría, señor, por lo menos en cuanto a mí se refiere, que el placer forma parte de la felicidad que he conocido; no puedo imaginarme la felicidad sin placer. El placer es un instinto primario en el hombre y si lo descarta, ¿cómo puede haber felicidad?»

Estamos examinando lo que es la felicidad, ¿no es cierto? Y si uno presupone algo, si tiene de antemano una opinión o un juicio, no podrá ir muy lejos en esta investigación. Para examinar la complejidad de los problemas humanos, tiene que haber libertad desde el mismo inicio. Si uno no tiene esa libertad, será como un animal amarrado a una estaca y sólo podrá llegar hasta donde la cuerda se lo permita. Eso es lo que siempre sucede; tenemos conceptos, ideas, creencias o experiencias que nos atan, basándonos en ellas tratamos de examinar, de buscar, lo cual impide, lógicamente, investigar con profundidad. Por tanto, si me permite sugerirlo, en vez de suponer ni creer nada, mire con unos ojos que puedan ver con mucha claridad. Si la felicidad es placer, entonces también es dolor; no es posible separar el placer del dolor; ¿no van siempre juntos?

Por consiguiente, ¿qué es el placer y qué es la felicidad? Como sabe, señor, si para examinar una flor le arranca los pétalos uno a uno, destruye la flor; lo que tendrá entonces en sus manos serán pedazos de la flor, pero los pedazos no son la belleza de la flor. De modo que al examinar esta cuestión, no estamos analizándola intelectualmente, convirtiéndola de ese modo en algo árido, insignificante y vacío; estamos mirándola con ojos llenos de afecto, con ojos que comprenden, con ojos que tocan pero no hacen pedazos lo que tocan. Así pues, por favor, no lo desmenuce todo y se vaya luego con las manos vacías; deje quieta la mente analítica.

El pensamiento estimula el placer, ¿no es cierto? El pensamiento puede darle continuidad, cierta apariencia de continuidad, a lo cual llamamos felicidad; de forma similar, el pensamiento puede dar continuidad al dolor. El pensamiento dice: «Esto me gusta y aquello no; quisiera conservar esto y desechar eso otro». Pero el pensamiento ha creado ambas cosas y, así, la felicidad se ha convertido ahora en un instrumento del pensamiento. Cuando uno dice: «Quiero permanecer en este estado de felicidad», uno es el pensamiento, uno es la memoria de la experiencia previa, a la cual le llama placer y felicidad.

De manera que el pasado –el ayer o los innumerables ayeres–, que es el pensamiento, exclama: «Me gustaría vivir permanentemente en ese estado de felicidad que he tenido». Entonces estamos haciendo del pasado muerto una realidad presente y tenemos miedo de perderla mañana; por tanto, hemos construido una cadena de continuidad, una cadena que tiene sus raíces en las cenizas del ayer y que, consecuentemente, no es algo viviente en absoluto; nada puede florecer de las cenizas y el pensamiento es ceniza. Así pues, hemos convertido la felicidad en algo que pertenece al pensamiento y eso *es* la felicidad para nosotros.

Pero ¿hay algo más que placer, sufrimiento, felicidad y dolor? ¿Existe una dicha, un éxtasis que el pensamiento no pueda tocar? Porque el pensamiento es muy trivial y no hay nada original en él. Al plantear esta pregunta, el pensamiento tiene que renunciar a sí mismo; porque cuando el pensamiento por sí mismo renuncia, de ahí nace la disciplina que se convierte en la belleza de la austeridad. Entonces la austeridad no es rígida ni cruel; porque la austeridad rígida es producto del pensamiento, que reacciona con repugnancia contra el placer y la indulgencia.

Desde esta profunda renuncia –que es la renuncia del propio pensamiento porque ve claramente el peligro que su propia actividad supone–, la estructura completa de la mente se aquieta. Es realmente un estado de pura atención y de ese estado adviene una dicha, un éxtasis, que no puede ponerse en palabras. Si intenta ponerlo en palabras, deja de ser lo real.

CAPÍTULO 10

La meditación es un movimiento dentro de la quietud, y el silencio de la mente es el movimiento de la acción. La acción nacida del pensamiento es inacción y engendra desorden. Este silencio no es producto del pensamiento, ni es el cese del parloteo de la mente. La mente sólo puede estar en silencio cuando el cerebro mismo está silencioso. Las células cerebrales –programadas desde hace tantos siglos para reaccionar, proyectar, defender y reafirmar– únicamente se aquietan cuando realmente ven *lo que es*. A partir de ese silencio es posible una acción que no genera desorden, porque el observador, el centro, el experimentador ha dejado de existir y, como consecuencia, el ver es actuar. El ver sólo es posible si viene de un silencio en el que toda opinión y todos los valores morales han cesado.

Aquel templo era más viejo que sus dioses. Esos dioses vivían allí, prisioneros, pero el templo era mucho más antiguo; tenía gruesas paredes y pilares en los corredores, con caballos, dioses y ángeles esculpidos. Poseían cierta cualidad de belleza y cuando uno pasaba junto a ellos se preguntaba qué sucedería si todos ellos volvieran a la vida, incluido el dios que habitaba en el lugar más recóndito.

Se decía que el templo, especialmente el santuario más oculto, se remontaba a un tiempo más lejano de lo que la imaginación pudiera alcanzar. Al vagar por los distintos corredores, alumbrados por el Sol de la mañana y con sombras claras y definidas, a uno le hubiera gustado saber qué significaba todo aquello, cómo es que el hombre ha creado dioses, cómo es que su mente los ha inventado y, después de tallarlos con sus manos, los ha colocado en templos e iglesias para rendirles culto.

Los templos antiguos tienen una extraña belleza y poder, parecen haber nacido de la tierra misma. Este templo era casi tan viejo como el hombre y a los dioses que había en su interior –ataviados con vestiduras de seda y engalanados con guirnaldas–, se les despertaba de su sueño con salmos, incienso y campanadas. El incienso quemado a lo largo de muchos siglos, parecía invadir la totalidad del templo, que era enorme y debía tener varias hectáreas de extensión.

La gente parecía haber llegado de todo el país, ricos y pobres, pero sólo a los de cierta condición se les permitía acceder al santuario propiamente dicho. Se entraba por una puerta de poca altura excavada en la roca y se pasaba por encima de una pared desgastada por el tiempo. En el exterior del santuario había guardianes de piedra, mientras que en el interior había sacerdotes desnudos hasta la cintura, que cantaban serios y solemnes. Todos estaban muy bien alimentados, con grandes barrigas, manos delicadas, y la voz ronca después de muchos años de cánticos. El dios o la diosa se había vuelto casi deforme; tiempo atrás debió haber tenido rostro, pero ahora los rasgos habían desaparecido, y las joyas que lo adornaban eran sin duda de un valor incalculable.

Cuando el canto cesaba, había tal quietud que parecía como si la Tierra misma se hubiera detenido en su rotación. Aquí dentro no penetraban los rayos del Sol y la luz provenía de los pabilos quemados en aceite. Los pabilos habían ennegrecido el techo y el lugar estaba misteriosamente oscuro.

Todos los dioses tienen que ser adorados en el misterio y la oscuridad; de lo contrario no están presentes.

Cuando uno salía al exterior en presencia de la intensa luz del Sol, y miraba el cielo azul y las altas palmeras oscilantes, se preguntaba por qué el hombre se adora a sí mismo con esa imagen que ha construido con sus manos y su mente. ¡El temor y aquel hermoso cielo azul parecían tan lejanos el uno del otro!

Era un hombre joven, con ropas limpias, cara afilada, ojos brillantes y fácil sonrisa. Estábamos sentados en el suelo en un modesto salón que daba a un pequeño jardín lleno de rosas de diferentes tonalidades, que iban desde el blanco hasta un color casi negro. Colgado patas arriba, un loro de ojos brillantes y pico rojo descansaba en una rama mientras observaba a otro pájaro mucho más pequeño.

El hombre hablaba bastante bien el inglés, aunque vacilaba un poco al usar las palabras, y de entrada parecía serio. Preguntó: «¿Qué es la vida religiosa? He hablado con varios *gurús* y me han dado las respuestas habituales y, si me lo permite, quisiera plantearle la misma pregunta. Tuve un buen empleo, pero como soy soltero lo dejé porque me atrae profundamente la religión y quiero averiguar lo que significa llevar una vida religiosa en un mundo tan irreligioso».

En vez de preguntar qué es la vida religiosa, ¿no sería mejor, si puedo sugerirlo, preguntar qué es vivir? Quizás entonces podamos comprender lo que es una verdadera vida religiosa. El concepto de vida religiosa varía de un clima a otro, de una secta a otra, de una creencia a otra creencia; y el ser humano padece la propaganda que los intereses creados de las religiones han difundido. Si pudiéramos descartar todo eso, no sólo las creencias, los dogmas, los rituales, sino también la respetabilidad que está vinculada a la cultura religiosa, tal vez entonces podríamos descubrir el sentido de la vida religiosa que no depende del pensamiento del hombre.

Pero antes de verlo, tal y como decíamos, examinaremos lo que es vivir. La realidad del vivir es la lucha cotidiana, la rutina con sus contrariedades y conflictos; es el dolor de la soledad, la desdicha, la inmundicia de la pobreza y las riquezas, la ambición, la búsqueda de logros, el éxito y el sufrimiento. Todo esto es lo que cubre el campo de actividades en nuestra vida; esto es a lo que llamamos vivir: ganar o perder una batalla, y la interminable búsqueda de placer.

En contraste o en oposición a esto, existe lo que se llama la vida religiosa o la vida espiritual. Pero lo uno contiene la semilla misma de su propio opuesto y, por tanto, aunque pueda parecer diferente, en realidad no lo es. Podemos cambiar la apariencia exterior, pero la esencia interna de *lo que es* y de *lo que debería ser,* es la misma. Esta dualidad es producto del pensamiento y, por consiguiente, sólo puede engendrar más conflicto; y el túnel de este conflicto es interminable. Eso es todo lo que sabemos –ya sea por medio de lo que otros nos han dicho o porque lo hemos experimentado nosotros mismos–, eso es a lo que llamamos vivir.

La vida religiosa no está en la orilla opuesta del río, sino en ésta, en la orilla donde están todas las penalidades del ser humano; esto es lo que tenemos que comprender y esa acción de comprender es una acción religiosa, no el untarse con cenizas, llevar un taparrabos o una mitra, sentarse en la silla de los poderosos o encima del lomo de un elefante.

Lo importante es darse cuenta de todo el problema, del placer y la desdicha del ser humano, y no el especular en torno a lo que debería ser la vida religiosa; porque lo que debería ser es un mito, es la moralidad que el pensamiento y la fantasía han fabricado, y uno tiene que rechazar esa moralidad –la moralidad social, la religiosa y la industrial–, porque ese rechazo no es producto del intelecto, sino abandonar de verdad el patrón de esa moralidad que es inmoral.

De modo que la cuestión real es ésta: ¿es posible salirse de ese patrón? El pensamiento es el que ha creado esta tremenda confusión y desdicha, y ha impedido que haya verdadera religión y vida religiosa. El pensamiento cree que puede salirse de ese patrón, pero si lo hace, seguirá siendo una acción del pensamiento, porque en sí mismo no tiene realidad, simplemente creará otra ilusión distinta.

Ir más allá de este patrón no es un acto del pensamiento; esto debe quedar muy claro, de lo contrario volveremos a ser prisioneros del pensamiento. Después de todo, el "yo" y el "usted" son un manojo de recuerdos, de tradición, y de conocimientos de miles de ayeres. Por tanto, únicamente cuando termina el dolor –y el dolor es resultado del pensamiento– podemos desmarcarnos del mundo de la guerra, del odio, de la envidia y la violencia. Este acto de salirse de todo eso, es la vida religiosa. Esta vida religiosa no tiene ninguna creencia, porque no tiene mañana.

«¿No está realmente, señor, pidiendo una cosa imposible? ¿No está pidiendo un milagro? ¿Cómo puedo salirme de todo eso sin el pensamiento? ¡El pensamiento es mi verdadero ser!»

¡Ésa es precisamente la cuestión! El pensamiento, eso que considera su ser, tiene que parar. Ese ser egocéntrico y sus actividades deben de manera natural y definitiva dejar de funcionar. Únicamente en esa muerte está el comienzo de la nueva vida religiosa.

CAPÍTULO 11

Si para meditar asumimos deliberadamente una actitud, una postura, entonces se convierte en un entretenimiento, en un juguete de la mente. Si decidimos sacarnos de encima la confusión y las miserias de la vida, en ese caso será una experiencia basada en la imaginación, y esto no es meditar. En la meditación, la mente consciente o la inconsciente no tiene presencia, ni siquiera puede captar el alcance y la belleza de la meditación; pero si uno tiene presencia en la meditación, entonces es lo mismo que si uno fuera a comprar una novela romántica.

Cuando en la meditación existe una atención total, no hay un saber, un reconocer, ni registro alguno de lo que ha sucedido. El tiempo y el pensamiento han cesado por completo, porque ambos son el centro que limita su propia visión.

En el instante de la luz, el pensamiento se apaga; el esfuerzo consciente por tener una experiencia y el recuerdo de esa experiencia, son simples palabras que nombran algo que sucedió, pero la palabra nunca es lo real. En ese momento que no pertenece al tiempo, lo supremo es lo inmediato; pero lo supremo no tiene símbolo, no pertenece a ninguna persona, ni a ningún dios.

Esa mañana, sobre todo a primera hora temprano, el valle estaba extraordinariamente tranquilo. El búho había dejado de ulular y no se escuchaba la respuesta de su compañera en los montes lejanos. No ladraba ningún perro y la aldea no había despertado todavía. En el Este parpadeaba un resplandor, una promesa, y la Cruz del Sur brillaba aún en el cielo. No se oía ni tan siquiera un susurro entre las hojas y la misma Tierra parecía haber dejado de girar. El silencio se podía sentir, tocarlo y olerlo; lo penetraba todo. No era el silencio lejano de aquellos montes, ni el silencio entre los árboles, o aquello que permanecía inmóvil; uno era parte de él; uno y él no eran dos cosas separadas; la división entre el ruido y el silencio no tenía sentido. Aquellos montes, en la oscuridad, sin un solo movimiento, formaban parte del silencio tanto como uno mismo.

Era un silencio tremendamente activo; no era la negación del ruido; y, extrañamente, esa mañana el silencio se había introducido por la ventana como si fuera un perfume, y con él llegó una sensación, un sentimiento de lo absoluto. Según mirábamos por la ventana desaparecía la distancia entre las cosas, y nuestros ojos se abrieron con la llegada del alba; todo se veía nuevo.

«Estoy interesado en el sexo, en la igualdad social y en Dios. Éstas son las únicas cosas que importan en la vida; nada más. La política, las religiones con sus sacerdotes y promesas, con sus rituales y confesiones ¡son tan insultantes! De hecho, hablan por hablar, en realidad nunca han resuelto ningún problema, sólo han ayudado a posponerlos. De diferentes maneras han condenado el sexo y han apoyado la desigualdad social; el dios creado por sus mentes es una piedra que han revestido de amor sentimental. Personalmente, no necesito nada de todo eso. Tan sólo le hago este comentario para que lo dejemos a un lado y centremos nuestro interés exclusivamente en estos tres temas: el sexo, la miseria social y eso a lo que llamamos Dios.

»Para mí el sexo es tan necesario como el alimento. La naturaleza ha creado al hombre, la mujer, y el goce de la noche. Creo que el sexo es tan necesario como descubrir esa verdad que solemos llamar Dios; y es tan importante sentir amor por el prójimo como amar a la mujer en el hogar. El sexo no representa un problema, es fuente de disfrute; sin embargo, hay en mí un temor a algo desconocido y, ese temor, ese dolor, es lo que quiero comprender; no pretendo encontrar una solución que lo resuelva, sino más bien quiero examinarlo para quedar realmente libre de ese temor. De manera que me gustaría, si dispone del tiempo necesario, que examináramos juntos estos temas.»

¿Podemos empezar por el último, en vez del primero? Quizá, entonces los otros temas puedan comprenderse con mayor profundidad y, tal vez, tengan un significado muy diferente del que pueda darnos el placer.

¿Quiere reafirmar su creencia, o quiere realmente ver la realidad, no experimentarla, sino realmente verla con una mente y un corazón sumamente claros y atentos? Creer es una cosa y otra es ver. Al igual que la fe, la creencia conduce a la oscuridad, nos empuja hacia la iglesia, hacia los templos oscuros, y hacia las sensaciones y rituales placenteros. En ese camino no está la realidad, sólo hay fantasía y atuendos imaginarios que llenan las iglesias.

Si se libera del miedo, no necesita ninguna creencia, pero si se agarra a la creencia y al dogma, entonces el miedo sale victorioso. La creencia no se basa únicamente en los preceptos religiosos, sino que existe aunque uno no pertenezca a religión alguna; uno puede tener su propia creencia, individualista, exclusiva, pero esa creencia no es la luz de la claridad. El pensamiento establece las creencias para protegerse contra el miedo que él mismo ha generado, y la intención del pensamiento no es esa libertad que sólo la atención capta cuando ve la verdad.

El pensamiento no puede ver lo inconmensurable, porque siempre está limitado por la medida; lo sublime no está dentro de la estructura del pensamiento y de la razón, ni tampoco es un producto de la emoción y el sentimentalismo. La negación del pensamiento es atención, así como la negación del pensamiento es amor. Si está buscando lo más elevado, no lo encontrará; tiene que venir por sí solo, si uno tiene suerte; y la suerte es la ventana abierta de su corazón, no del pensamiento.

«Esto es bastante difícil, ¿no le parece? Me está pidiendo que niegue toda la estructura de mí mismo, el "yo" que he sostenido y alimentado con tanto cuidado. Creía que el placer de lo que llamamos Dios sería eterno, ésa era mi seguridad, ahí tenía puesta toda mi esperanza y deleite; y ahora me está pidiendo que lo deje todo. Ahora bien, ¿es eso posible? ¿Estoy realmente dispuesto a dar ese paso? Pero aunque lo hiciera, ¿me promete algo a cambio como recompensa si lo abandono todo? Es evidente que no me está ofreciendo una recompensa, pero ¿puedo realmente –no sólo de palabra– eliminar por completo aquello que es la base de mi vida?»

Si trata de eliminarlo de forma deliberada, se convertirá en un conflicto, en un dolor y desdicha interminable; pero si de verdad lo ve –como ve la verdad de esa lámpara, de la llama vacilante, de la mecha y el pie de bronce–, entonces habrá dado un paso hacia otra dimensión. En esa dimensión el amor no tiene problemas sociales; no hay división racial, intelectual o de clase alguna. Sólo la desigualdad siente la necesidad de igualdad, sólo lo superior necesita mantener su división, su rango, sus normas; y lo inferior se esfuerza siempre por llegar a ser lo superior; el oprimido, por llegar a ser el opresor. De modo que limitarse a legislar –aunque la legislación sea necesaria– no termina con la división y su crueldad, ni tampoco termina con la división entre las clases sociales y los distintos estatus.

Utilizamos el trabajo para conseguir posición social, y así empieza todo el ciclo de la desigualdad; la moral que la sociedad ha inventado no pone fin a los problemas sociales. Pero el amor no sabe nada de moralidad y no es una reforma. Cuando el amor se convierte en placer, entonces el dolor es inevitable. El amor no es pensamiento, es el pensamiento lo que nos da placer –placer como sexo o placer como logro personal–. El pensamiento fortalece y da continuidad al placer momentáneo; el pensamiento, en su actividad de pensar en el placer, refuerza el próximo instante de placer. Esta apremiante necesidad de experimentar placer es a lo que llamamos sexo, ¿no es así?, el cual lo acompañamos con una gran cantidad de afecto, ternura, cuidado, compañerismo y todas estas cosas, pero de por medio siempre está el hilo del dolor, del temor, y el pensamiento con sus proyecciones refuerza y da continuidad a ese hilo

«¡Pero no es posible eliminar el placer del sexo! Yo vivo de ese placer; me gusta; para mí es mucho más importante que el dinero, la posición o el prestigio. Es cierto que el placer trae dolor, pero el placer predomina sobre el dolor, de modo que no me importa el dolor.»

Cuando ese placer que tanto le deleita termina –ya sea con los años, por un accidente o con el tiempo–, entonces aparece la frustración y el dolor se convierte en su sombra. Pero el amor no es placer, no es el producto del deseo, y, por eso, señor, uno debe entrar en otra dimensión. En esa nueva dimensión todos nuestros problemas y dificultades se resuelven; pero sin esa dimensión, no importa lo que uno haga, siempre habrá dolor y conflicto.

CAPÍTULO 12

Por encima de nuestras cabezas volaban gran cantidad de pájaros; algunos cruzaban el ancho río y otros, más arriba aún, daban vueltas en amplios círculos con un leve movimiento de alas. Los que volaban más alto eran en su mayoría buitres y, con la luz brillante del Sol, parecían meros puntitos, inmóviles frente a la corriente de aire. Con sus cuellos desnudos, sus amplias y pesadas alas, se sentían incómodos en tierra, aunque algunos de ellos estaban en un tamarindo y los cuervos aprovechaban para provocarlos. En especial, un cuervo perseguía a un buitre tratando de encaramarse sobre él; el buitre aburrido empezó a batir las alas y, entonces, el cuervo que lo había estado acosando insistentemente, saltó desde la parte trasera y se posó sobre la espalda del ave mientras ésta emprendía el vuelo. Era en verdad una escena pintoresca, ver al buitre con un cuervo negro sobre él. El cuervo parecía disfrutar enormemente, pero el buitre trataba de quitárselo de encima. Por fin, el cuervo salió volando hacia el otro lado del río y desapareció en el bosque.

Los loros cruzaban el río en zigzag, anunciando al mundo su llegada con gran estrépito. Eran de un verde brillante, con picos rojos, y en ese tamarindo había varios de ellos. Por la mañana solían salir del árbol, se aventuraban río abajo y, a veces, regresaban chillando al cabo de un rato; pero habitualmente permanecían lejos todo el día y no regresaban hasta el atardecer, después de haber robado el grano de los sembrados o cualquier fruta que encontrasen. Asomaban durante unos segundos entre las hojas del tamarindo y luego desaparecían en su interior. En realidad resultaba imposible seguirlos con los ojos entre las diminutas hojas verdes del árbol, donde habían hecho un hueco y allí vivían machos y hembras; parecían muy felices y demostraban su gozo con chillidos mientras volaban.

Al anochecer y temprano en la mañana, el Sol dibujaba a lo ancho del río un sendero –de oro en las mañanas y de plata en los atardeceres–. No es extraño que el hombre rinda culto a los ríos, es mucho mejor que adorar imágenes con todos sus rituales y creencias. El río, profundo y caudaloso, era algo vivo, siempre en movimiento, pero en las pequeñas charcas que se formaban junto a sus orillas el agua permanecía estancada.

Cada ser humano se aísla en una pequeña charca y en ella se deteriora; nunca entra en contacto con la gran corriente del río. Curiosamente, ese río que los seres humanos habían ensuciado unos kilómetros más arriba, ahora en la mitad de su recorrido estaba limpio, tenía un verde azulado y sus aguas eran profundas. Era un río espléndido, especialmente al amanecer, antes de que el Sol saliera; tenía tanta calma, prácticamente casi no se movía, y su color era de plata fundida. Luego, según el Sol iba elevándose sobre los árboles, se volvía dorado, para más tarde convertirse de nuevo en un sendero de plata; sus aguas tenían vida.

La habitación que daba al río estaba fría, casi helada, debido al invierno que se acercaba. Sentado frente a nosotros había un hombre joven con su esposa, que era aún más joven que él. Teníamos por asiento la alfombra colocada sobre un suelo más bien frío y duro. No estaban interesados en mirar el río y cuando les señalamos su anchura, su belleza y la verde ribe-

ra al otro lado, asintieron con un gesto cortés. Habían venido de un lugar distante del Norte, viajando en tren y en autobús, y estaban ansiosos por hablar de las cosas que tenían en
mente; el río era algo que después podían mirar, cuando tu-
viesen tiempo.

Él empezó diciendo: «El hombre nunca puede ser libre;
está atado a su familia, a los hijos y al trabajo; tiene responsabilidades hasta el momento de su muerte; a menos, por supuesto –añadió–, que se haga *sannyasi*, o monje».

Sentía la necesidad de ser libre, pero veía que no podría
lograrlo en este mundo brutal y de competencia. La esposa lo
escuchaba con mirada un tanto sorprendida, halagada al descubrir que su marido podía ser un hombre serio y que era capaz de expresarse bastante bien en inglés; lo cual le producía
una sensación de orgullo posesivo. El joven se hallaba ajeno
por completo a estos detalles, porque su esposa estaba sentada algo más atrás que él.

«¿Tiene uno alguna posibilidad de ser libre? –continuó–.
Algunos escritores y teóricos políticos, al igual que los comunistas, dicen que la libertad es un ideal burgués, inalcanzable
e irreal; mientras en el mundo democrático se habla mucho de
libertad; eso mismo hacen los capitalistas y, por supuesto, todas las religiones la predican y la prometen, aunque están muy
pendientes de que el hombre siga prisionero de sus creencias
e ideologías particulares –negando así con sus actos cualquier
promesa–. He venido a investigar, no intelectualmente, si es
posible para el hombre, para mí mismo, ser libre por completo en este mundo. Me he tomado unas cortas vacaciones para
venir hasta aquí, y durante dos días estaré libre de mi trabajo, de la rutina de la oficina, y de la vida habitual del pequeño
pueblo donde vivo. Si tuviera dinero, estaría más libre y podría ir adonde quisiera, hacer lo que me gustase, quizás pintar
o viajar. Pero eso es imposible, porque mi salario es limitado

y tengo responsabilidades; soy un prisionero de mis responsabilidades.»

La esposa no lograba entender todo aquello, pero aguzaba los oídos ante la palabra "responsabilidad". Puede que estuviera preguntándose si él deseaba abandonar el hogar y vagar por la faz de la Tierra.

«Estas responsabilidades –siguió diciendo– me impiden ser libre, tanto interna como externamente. Soy capaz de entender el hecho de que el hombre no puede liberarse completamente del mundo, del servicio de correos, del mercado, de la oficina, de todas estas cosas, no estoy buscando la libertad en ese sentido. Lo que he venido a investigar es si hay alguna posibilidad de ser internamente libre.»

Las palomas del pórtico estaban arrullándose y revoloteando alrededor; al otro lado de la ventana, los loros chillaban mientras el Sol resplandecía en sus lustrosas alas verdes.

¿Qué es la libertad? ¿Es una idea, una emoción que engendra el pensamiento por estar preso en una serie de problemas, de ansiedades, etcétera? ¿Es la libertad un resultado, una recompensa, algo que se encuentra al final de un proceso? ¿Cuando se libera de la ira, es eso libertad? ¿O la libertad es cuando puede hacer lo que quiere? ¿Es la libertad el acto de rechazar la responsabilidad cuando es una carga para uno? ¿Es libertad cuando se resiste o cede? ¿Puede el pensamiento darle esta libertad, puede dársela cualquier acción?

«Me temo que debería ir un poco más despacio.»

¿Es la libertad lo opuesto de la esclavitud? ¿Es libertad cuando estando uno en prisión, sabiéndolo y dándose cuenta de todas las restricciones que la cárcel le impone, se imagina lo que es la libertad? ¿Puede la imaginación dar la libertad o se trata sólo de la fantasía del pensamiento? Lo que realmente conocemos, lo que existe en realidad, es la esclavitud; no sólo somos esclavos de las cosas externas, de la casa, la familia, el empleo, sino que también internamente somos esclavos de la tradición, de los hábitos, del placer de dominar y poseer, del miedo, del logro, y de muchas otras cosas. Cuando el éxito nos brinda gran placer, nunca pensamos ni hablamos de liberarnos de la prisión; únicamente hablamos de libertad cuando sentimos dolor. De modo que somos esclavos de todas estas cosas, tanto interna como externamente. Este cautiverio es *lo que es*, y oponer resistencia a *lo que es,* lo llamamos libertad; rechazamos y tratamos de reprimir o rehuir *lo que es*, esperando alcanzar así alguna forma de libertad. Internamente sólo conocemos dos cosas: la esclavitud y la resistencia; y la resistencia crea la esclavitud.

«Lo siento, pero no entiendo nada.»

Cuando opone resistencia a la ira o al odio, ¿qué sucede de verdad? Simplemente levanta un muro contra el odio, pero el odio permanece ahí; el muro tan sólo lo oculta. O bien decide no enojarse, pero esa determinación forma parte del enojo, y la resistencia misma lo fortifica. Si uno observa este hecho, lo verá funcionar en uno mismo. Cuando resiste, controla, reprime o trata de trascender algo –todo viene a ser lo mismo, porque son actos de la voluntad–, está reforzando el muro de resistencia, pero eso le hace más esclavo, más mezquino, más limitado; y a partir de esa mezquindad, de esa limitación, quiere ser libre, pero ese deseo es una reacción que levantará una nueva barrera y más mezquindad. De este modo nos movemos de una resistencia, de una barrera a otra; a veces le damos a ese muro de resistencia un color o una cualidad diferente, o bien lo calificamos de noble; pero la resistencia es esclavitud y la esclavitud es dolor.

«¿Quiere eso decir que externamente uno debe dejar que los demás lo manipulen a su antojo, e internamente dar rienda suelta a la ira, o lo que sea?»

Parece que no ha escuchado lo que se ha estado diciendo.

Cuando se trata del placer, no nos preocupan sus repercusiones, ni el sentimiento de deleite, pero cuando eso se convierte en dolor, entonces nos resistimos. Lo que queremos es estar libres del dolor y al mismo tiempo mantener el placer, pero el acto de retener el placer es resistencia.

Es natural que el organismo reaccione; si físicamente no respondemos al pinchazo de un alfiler significa que estamos anestesiados. Internamente sucede lo mismo, si no respondemos es porque algo no funciona como debería. Pero la forma en que uno responde y la naturaleza de la respuesta son más importantes que la respuesta en sí misma. Cuando alguien nos adula, respondemos, también reaccionamos cuando alguien nos insulta, ambas son resistencias, una de placer y otra de dolor. Aceptamos la primera y desestimamos la otra, o bien decidimos desquitarnos; pero en ambos casos estamos generando resistencia, tanto la aceptación como el rechazo son formas de resistencia; y la libertad no es resistencia.

«¿Es posible responder sin oponer una resistencia motivada por el placer o por el dolor?»

¿Qué cree, señor? ¿Qué siente? ¿Me pregunta a mí o se hace la pregunta a sí mismo?

Si un extraño o cualquiera que sea contesta a su pregunta, entonces dependerá de él, y esa dependencia se convertirá en autoridad, lo cual es una forma de resistencia, y seguidamente intentará de nuevo liberarse de *esa* autoridad. Por tanto, ¿cree que puede plantear esa pregunta a otro?

«De todas maneras podría mostrármelo y yo lo vería; en tal caso no estaría implicada ninguna autoridad, ¿no es cierto?»

Pero ya hemos señalado lo que realmente *es*. Observe únicamente *lo que es,* sin responder basándose en el placer o en el dolor. La libertad está en el acto de ver; ver es ser libre. Sólo podemos ver cuando hay libertad.

«Puede que este ver sea un acto de libertad, pero ¿cómo afecta eso a mi esclavitud, es decir, qué efecto tiene *lo que es*, la cosa que he visto?»

Cuando dice que el ver *puede que sea* un acto de libertad, está haciendo una suposición, lo cual significa que su acto de ver ha sido también una suposición, y eso quiere decir que no ha visto realmente *lo que es*.

«No lo entiendo muy bien, señor. Si veo a mi suegra que me está intimidando, ¿cree que dejará de hacerlo porque yo lo vea?»

Observe lo que hace su suegra y vea sus propias reacciones, sin añadir sus posteriores reacciones de placer o dolor. Véalo con libertad. Entonces puede que su acción sea pasar por alto completamente lo que ella diga, o puede que se vaya, pero tanto el marcharse como el no hacerle caso no serán una forma de resistencia. Ese darse cuenta sin elección es libertad, y la acción que surge de esta libertad no puede predecirse, sistematizarse, o ponerla en un marco de moralidad social. Ese darse cuenta sin elección no es político, no pertenece a ningún "ismo"; no es el producto del pensamiento.

CAPÍTULO 13

«Quiero conocer a Dios», dijo impetuosamente, casi gritando. Los buitres estaban en el árbol acostumbrado; el tren con su traqueteo cruzaba el puente, y el río fluía –aquí era muy ancho, calmado y profundo–. Temprano, esa mañana, se percibía el olor del agua desde la distancia; a cierta altura, desde la cual se dominaba el margen del río, uno podía olerlo, su frescor y limpieza flotaban en el aire de la mañana; el día no lo había corrompido aún. Al otro lado de la ventana, los loros chillaban mientras volaban hacia los sembrados, para luego regresar al tamarindo. A cierta altura, los cuervos cruzaban el río en grandes bandadas y se posaban sobre los árboles, o entre los sembrados de la otra orilla. Era una mañana clara de invierno, fría, reluciente, sin una sola nube en el cielo. Mientras observábamos la luz del Sol matutino reflejada en el río, la meditación proseguía. La misma luz formaba parte de la meditación, uno miraba las brillantes aguas saltarinas en la calma de la mañana, no con una mente que interpretaba dándole algún significado, sino con unos ojos que sólo veían la luz –nada más.

La luz, igual que el sonido, es algo extraordinario. Está la luz que los pintores tratan de plasmar en un lienzo, está la luz que captan las cámaras, está la luz de una lámpara en una noche oscura, y también la luz que se refleja en el rostro de alguien, esa luz que está detrás de los ojos. La luz que ven los ojos no es la luz sobre las aguas, esa luz es tan diferente, tan extensa, que no puede entrar en el estrecho campo del ojo. Esa luz, como el sonido, se movía incesantemente, hacia afuera y hacia adentro, como la marea en el mar. Y si uno permanecía muy quieto, participaba con ella, no como una imaginación o con los sentidos, participaba sin saberlo, sin la medida del tiempo.

La belleza de esa luz, como el amor, no se puede retener ni ponerla en palabras; pero ahí estaba –en las sombras, en el espacio abierto, en la casa, en la ventana del otro lado de la calle, y en la risa de aquellos niños–. Sin esa luz, lo que vemos es de poquísima importancia, porque la luz lo es todo; y la luz de la meditación estaba en el agua. Volvería a estar allí de nuevo al atardecer, durante la noche, y cuando el Sol saliese por encima de los árboles, dándole al río un color dorado. La meditación es esa luz en la mente que alumbra el camino de la acción; y sin esa luz, no hay amor.

Era un hombre corpulento, bien afeitado, y también tenía rapada la cabeza. Nos sentamos en el suelo de la pequeña habitación con vistas al río. El suelo estaba frío, pues era invierno. Tenía la dignidad del hombre que posee pocas cosas y no teme demasiado la opinión de la gente.

«Quiero conocer a Dios; aunque sé que eso no está de moda hoy en día. Los estudiantes, la nueva generación con sus revueltas, sus actividades políticas y sus exigencias –razonables o irrazonables– se burlan de toda religión. Y razón no les falta, porque ¡fíjese en qué la han convertido los sacerdotes! Naturalmente, los jóvenes no quieren saber nada de las religiones; para ellos, los templos e iglesias representan la explotación del hombre; desconfían completamente del punto de vista de la jerarquía sacerdotal –con los salvadores, las ceremonias y todas esas tonterías– y, a decir verdad, estoy de acuerdo con ellos; es más, he ayudado a algunos en sus revueltas contra todo esto; pero, aun así, deseo conocer a Dios. He sido comunista, pero abandoné el partido hace tiempo porque el comunismo también tiene sus dioses, sus dogmas y sus teóricos. De hecho fui un comunista muy apasionado, ya que en un principio el comunismo prometía algo, una revolución grande y verdadera; pero ahora los comunistas disfrutan de todas las cosas que tienen los capitalistas; han seguido las pautas del mundo.

»He colaborado en alguna reforma social y he participado activamente en la política, pero lo he dejado todo atrás porque no veo que el hombre pueda liberarse jamás de su desesperación, de su ansiedad y de su temor, a través de la ciencia o de la tecnología. Tal vez exista un solo camino. No es que sea supersticioso y no creo tener miedo alguno a la vida; he terminado con todo eso y, como ve, aún me quedan muchos años por delante. Quiero saber qué es Dios; he hecho esta pregunta a algunos monjes errantes y también a aquellos que siempre dicen: "Dios *es*; sólo hace falta mirar", y también he preguntado a quienes lo han convertido en un misterio y ofrecen una serie de técnicas. Me he cansado de todas esas tretas y, por eso, he venido aquí, porque siento que debo averiguar lo que es Dios.»

Permanecimos en silencio durante un rato. Las cotorras pasaban chillando frente a la ventana y la luz brillaba sobre sus lustrosas alas verdes y picos rojos.

¿Cree realmente que puede averiguar qué es Dios? ¿Cree que buscando puede encontrarlo, que es algo que puede experimentar? ¿Cree que la capacidad de su mente puede dar con lo inconmensurable? ¿Dónde piensa buscarlo? ¿Cómo sabrá que es él, cómo lo reconocerá?

«No tengo ni idea –respondió–, pero sabré cuándo se trata de lo real.»

¿Quiere decir que lo sabrá por medio de su mente, de su corazón, de su inteligencia?

«No; el saber no depende de ninguna de estas cosas; conozco muy bien el peligro de los sentidos y soy consciente de la facilidad con que creamos ilusiones.»

Saber es experimentar, ¿no es cierto? Experimentar es reconocer, y el reconocimiento es memoria y asociación de ideas. Si lo que entiende por "saber", es el resultado de un incidente que ya pasó, de un recuerdo, de algo que sucedió en el pasado, entonces es conocimiento de algo que *ha* sucedido. Así pues, ¿puede saber lo que está sucediendo ahora, lo que en realidad está ocurriendo? ¿O sólo puede saberlo un momento después, cuando ya ha pasado? Lo que sucede realmente ahora está fuera del tiempo, mientras que el saber depende del tiempo. Al estar mirando lo que sucede con ojos basados en el tiempo, lo nombra, lo traduce, lo registra y, eso, es a lo que llama "saber", ya sea de forma analítica o a través del reconocimiento instantáneo.

Lo que intenta es traer a este campo del conocimiento aquello que está al otro lado del monte o detrás de ese árbol; insiste en querer saber qué es, en querer experimentarlo o poseerlo. Ahora bien, ¿puede poseer con su mente y con sus manos esas aguas impetuosas? Lo que puede apresar es sólo la palabra y aquello que sus ojos han visto; o sea, lo que ha visto expresado en palabras y el recuerdo de esas palabras; pero los recuerdos no son esas aguas, ni nunca lo serán.

«Muy bien –dijo–; entonces, ¿cómo puedo encontrarlo? En mi larga vida de estudio he visto que nada salvará al hombre, ni las instituciones ni los patrones sociales, nada; por tanto, he dejado de leer. Pero el hombre tiene que salvarse, de algún modo tiene que haber una salida, y mi necesidad urgente de encontrar a Dios es el grito que nace de esta gran preocupación que siento por el hombre. La violencia que se extiende por todas partes está consumiendo al ser humano y conozco todos los argumentos a su favor o en su contra. Antes tenía esperanza, pero la he perdido; no lo aguanto más. Si le hago esta pregunta, no es por desesperación o por renovar mi esperanza, sencillamente es porque no veo salida alguna. Por eso he venido a preguntarle esa única cuestión: ¿Puede ayudarme a descubrir la realidad, si es que de hecho existe una realidad?»

De nuevo permanecimos unos instantes en silencio. El arrullo de las palomas llegaba hasta la habitación.

«Entiendo lo que quiere decirme; nunca antes había estado en un silencio tan profundo. La pregunta está allí, lejos de este silencio, y cuando la miro con cuidado desde este silencio, la pregunta se aleja. ¿Quiere, entonces, decir que sólo en esa quietud, en ese silencio total y sin premeditación, está lo inconmensurable?» Un nuevo tren cruzaba el puente con gran estruendo.

El hablar de estas cosas provoca todas las tonterías e histerias del misticismo –ese ambiguo y dudoso sentimentalismo que conduce a la ilusión–. No, señor, no es eso lo que quiero decir. Es una tarea ardua desechar todas las ilusiones políticas, religiosas y la ilusión del futuro. De hecho, nunca descubrimos nada por nosotros mismos, pero nosotros pensamos que lo hacemos y ese pensamiento es una de las mayores ilusiones. Es un trabajo duro ver con claridad el desorden, la locura que el ser humano ha tejido alrededor de sí mismo. Pero para poder ver, para ser libre, se necesita una mente extremadamente lúcida. Estas dos cosas, el ver y el ser libre, son imprescindibles; uno debe estar libre del interés por ver, libre de la gran esperanza que el hombre siempre pone en la ciencia, en la tecnología y en los descubrimientos religiosos, porque esta esperanza engendra ilusión. El darse cuenta de esto es libertad y, cuando hay libertad, no necesita buscar nada; entonces la mente misma se ha vuelto lo inconmensurable.

CAPÍTULO 14

Era un monje de edad avanzada y reverenciado por miles de adeptos. Físicamente estaba bien conservado; tenía la cabeza rapada y vestía la habitual túnica color azafrán del *sannyasi*. Llevaba un enorme bastón, que también tenía muchos años, y un par de sandalias bastante deterioradas.

Estábamos sentados en un banco y desde esa altura dominábamos el río, con el puente del ferrocarril, a nuestra derecha, y las aguas serpenteando en una amplia curva, a la izquierda. Aquella mañana, la otra ribera estaba envuelta en una densa neblina y se distinguían solamente las copas de los árboles, que parecían flotar sobre el extenso río. No había ni el más leve soplo de aire y las golondrinas revoloteaban cerca de la superficie del agua.

El río era muy viejo y sagrado, y la gente venía de muy lejos a morir en sus orillas, para luego ser incinerados. Por ser el más sagrado de los ríos, se le rendía culto y se le dedicaban cantos de alabanza. En sus aguas se arrojaba toda clase de inmundicia, pero aun así la gente se bañaba en ellas, las bebían, y las usaban para lavar la ropa. En ambas orillas había personas meditando, con los ojos cerrados, sentadas muy erguidas y en quietud. Era un río que se entregaba generosamente, pero el hombre poco a poco lo iba contaminando. En la estación de las lluvias, su nivel subía entre seis y nueve metros, arrastraba toda la inmundicia y cubría la tierra con el sedimento que alimentaba a los campesinos que habitan en sus márgenes. Descendía serpenteando, formando grandes curvas y, a veces, se veían pasar árboles enteros, arrancados de raíz por la impetuosa corriente. También se veían pasar animales muertos, que llevaban encaramados cuervos y buitres peleándose entre sí; ocasionalmente aparecía un brazo o una pierna, e incluso algún cuerpo humano entero.

Esa mañana el río estaba precioso, sin una sola ondulación, y la otra orilla parecía muy lejana. Pese a que hacía varias horas que había salido el Sol, la niebla aún no se había disipado y el río, como un ser misterioso, fluía. El monje conocía bien este río, pues había pasado muchos años en sus orillas, rodeado de sus discípulos, y daba por sentado que el río estaría siempre allí; mientras el hombre viviera, el río también viviría. Se había acostumbrado a él y eso era lo triste. Ahora, lo miraba con esos ojos que lo habían visto miles de veces. Uno se acostumbra a la belleza y a la fealdad, pero entonces el frescor del día se desvanece.

«¿Por qué está en contra de la moral –preguntó con voz más bien autoritaria–, en contra de las escrituras que nosotros consideramos tan sagradas? Es probable que se haya dejado corromper por Occidente, donde la libertad es libertinaje y sólo una minoría conoce lo que significa la verdadera disciplina. Es obvio que no ha leído ninguno de nuestros libros sagrados, porque estuve aquí la otra mañana cuando daba la charla, y me quedé horrorizado de lo que decía acerca de los dioses, los sacerdotes, los santos y los *gurús*. ¿Cómo puede vivir el hombre sin ellos? Si lo intenta, se vuelve materialista, mundano, completamente brutal. Parece negar todo el conocimiento que para nosotros es tan sagrado, pero ¿por qué? Sabemos que es serio, le hemos seguido de lejos durante muchos años, le hemos considerado como a un hermano, y pensábamos que pertenecía a nuestra clase, pero debido a que ha

renunciado a todas estas cosas, hoy somos unos extraños el
uno para el otro, y es realmente una pena enorme que cami-
nemos por distintas sendas.»

¿Qué es lo sagrado? ¿Son sagrados la imagen que mora
en el templo, el símbolo o la palabra? ¿Dónde se halla lo sagrado, en ese árbol o en esa campesina con su pesada carga?
Otorga el carácter de sagrado a cosas que cree santas, valio-
sas, importantes, ¿no es así? Pero ¿qué valor tiene la imagen
creada por la mano o por la mente? Esa mujer, ese árbol, ese
pájaro, las cosas vivas, no parecen importarle mucho; divide la vida en aquello que es sagrado y aquello que no lo es,
en lo que es inmoral y lo que es moral, y esa división engendra desdicha y violencia. O bien todo es sagrado, o nada lo
es; o lo que dice, sus palabras, sus pensamientos, sus cánticos son serios, o sólo existen para seducir a la mente y llevar-
la a cierto encantamiento que luego se convierte en ilusión y,
por tanto, no son realmente serios. Es indudable que *sí* existe
algo sagrado, pero no está en la palabra, ni en la estatua que
el pensamiento ha construido.

Se mostró algo perplejo y no del todo seguro del curso
que la conversación tomaba, de modo que interrumpió: «En
realidad, no estamos discutiendo lo que es o no sagrado, sino
más bien quiero saber por qué desacredita la disciplina».

La disciplina, tal y como se entiende generalmente, significa amoldarse a cierto patrón de absurdos preceptos políticos, sociales o religiosos, y esa conformidad implica –¿no
le parece?– imitación, represión, o un intento de trascender
el estado actual. En esa disciplina hay, evidentemente, una
lucha continua, un conflicto que deforma la capacidad de la
mente. Si uno acepta es porque tiene la esperanza o la promesa de una recompensa; si uno se disciplina es para lograr
algo; y con el fin de conseguir algo, uno obedece y se somete, estableciendo de esa manera el patrón –ya sea el patrón

comunista, el religioso o el propio–, que se convierte entonces en la autoridad, pero en eso no hay libertad de ninguna clase.

En realidad, la palabra "disciplina" significa aprender, y el aprender rechaza toda autoridad y obediencia. No se trata de ver eso de forma analítica; sin embargo, ver todo lo que hay implicado en la estructura de la disciplina, es en sí mismo disciplina, que consiste en aprender acerca de toda esa estructura. Aprender no es cuestión de recopilar información, sino de ver inmediatamente esa estructura y su naturaleza. Eso es la verdadera disciplina, porque se está aprendiendo y no aceptando. De modo que para aprender debe haber libertad.

«¿Significa esto –preguntó– que uno puede hacer exactamente lo que quiere? ¿Que hace caso omiso de la autoridad del Estado?»

Por supuesto que no, señor. Es obvio que uno tiene que aceptar la ley del Estado o del policía, hasta que se cambie esa ley. Uno tiene que conducir por un lado de la carretera, no por donde uno quiere, porque hay también otros automóviles circulando, tiene que obedecer la ley viaria. Si cada uno hiciera exactamente lo que quiere –que muy disimuladamente lo intentamos–, habría un completo caos; y eso es exactamente lo que hay. Escondido en la supuesta respetabilidad, el hombre de negocios, el político y casi todos los seres humanos, persiguen sus propios deseos y apetitos ocultos, lo cual está generando caos en el mundo. Queremos encubrirlo aprobando leyes, ordenanzas, etcétera, y eso no es libertad.

En todo el mundo hay gente que posee libros sagrados, modernos o antiguos. Repiten fragmentos de ellos, hacen arreglos para cantarlos, y los citan incesantemente, pero en sus corazones son violentos, codiciosos, y ambicionan poder. ¿Son realmente importantes estos libros que llaman sagrados? De hecho, no tienen ninguna importancia, lo importante es el gran egoísmo del hombre, su constante violencia, su odio y enemistad, no los libros, los templos, las iglesias o las mezquitas.

Bajo la túnica, el monje oculta el temor; tiene sus propias demandas, sus deseos le agobian, y la túnica es meramente un escape de la realidad. Para trascender estos sufrimientos del hombre, nos pasamos la vida discutiendo sobre qué libros son más sagrados que otros, lo cual demuestra una completa inmadurez.

«Entonces también rechaza la tradición…, ¿verdad?»

Trasladar el pasado al presente, interpretar el movimiento del presente en función del pasado, es destruir la belleza que reina en el ahora. Este país –como casi todos los países– está agobiado por el peso de la tradición, que se acepta desde lo más alto hasta la última choza de la aldea. En la tradición no hay nada sagrado: ya sea en la antigua o la moderna. El cerebro retiene la memoria del ayer, que es la tradición, y teme perderla porque no puede enfrentarse a algo nuevo. La tradición se convierte en nuestra seguridad y cuando la mente se siente segura, se deteriora. De manera que uno debe emprender el viaje sin carga alguna, con gusto y sin esfuerzo, sin detenerse nunca ante altar alguno, ante ningún monumento, ni por ningún héroe social o religioso; caminar solo, junto con la belleza y el amor.

«Pero nosotros los monjes siempre estamos solos, ¿no es cierto? –comentó–. He renunciado al mundo y he hecho votos de pobreza y de castidad.»

Pero no está solo, señor, porque está atado a su voto igual que está atado el hombre que hace votos al casarse. Si me permite indicarlo, no está solo porque es hindú, como tampoco estaría solo si fuera budista o musulmán, cristiano o comunista. Está plenamente comprometido, y ¿cómo puede estar solo un hombre que se ha comprometido, que se ha entregado a una idea imaginaria, la cual produce su propia actividad? La misma palabra "solo" significa lo que expresa: ninguna autoridad, inocente, libre, íntegro y no fragmentado. Cuando uno está solo, puede vivir en este mundo, pero será siempre un extraño. Únicamente en la soledad puede haber acción y cooperación completas; porque el amor es siempre la totalidad.

CAPÍTULO 15

Esa mañana el río era como plata oscura, pues el cielo estaba nublado y hacía frío. Las hojas estaban cubiertas de un polvo terroso y había una fina capa de polvo por todas partes: en el salón, en la galería y en la silla. El frío iba en aumento, porque debía de haber nevado copiosamente en el Himalaya, y uno sentía el cortante viento del Norte; incluso los pájaros lo notaban. Pero esa mañana el río tenía un extraño movimiento propio, no parecía que el viento lo inquietara y permanecía casi inmóvil, mostrando esa cualidad intemporal que todas las aguas parecen tener. ¡Qué hermoso estaba! No era de extrañar que la gente lo considerara un río sagrado. Uno podía sentarse aquí, en la galería, y contemplarlo en meditación eternamente. No era un soñar despierto; los pensamientos no seguían ninguna dirección, tan sólo estaban ausentes.

A medida que uno observaba la luz reflejada en el río, tenía la impresión de estar perdido y, al cerrar los ojos, iba penetrando en un vacío lleno de bendición; era la dicha.

Retornó esa mañana acompañado de un joven; era el monje que había hablado de disciplina, de libros sagrados y de la autoridad de la tradición. Su cara se veía recién lavada y también su túnica. El joven estaba algo nervioso y aunque había venido con el monje, probablemente su *gurú*, esperaba que él hablara primero. Miraba el río, pero pensando en otras cosas. En ese momento el *sannyasi* dijo:

«He regresado de nuevo, pero esta vez para hablar sobre el amor y la sensualidad. Nosotros, que hemos hecho votos de castidad, tenemos nuestros problemas de sexo, porque el voto es sólo un medio para resistir nuestros deseos incontrolables. Ya soy un hombre viejo y esos deseos no me queman. Antes de hacer los votos estuve casado y, cuando mi esposa falleció, abandoné el hogar y pasé por un período de agonía, de apremios biológicos incontrolables; noche y día luchaba contra ellos; fue una época muy difícil, llena de soledad, de frustración, de miedo a la locura y arranques neuróticos; ni siquiera ahora me atrevo a pensar demasiado en todo aquello. Este joven ha venido conmigo porque creo que está sufriendo el mismo problema y, al igual que yo, desea renunciar al mundo y hacer votos de pobreza y castidad. Durante muchas semanas he estado hablando con él y pensé que valdría la pena si pudiéramos comentar con usted este problema del amor y el sexo. Espero que no le importe si lo hacemos con franqueza.»

Antes que nada, si vamos a tratar con seriedad este asunto –permítame sugerirlo–, no empiecen a examinarlo partiendo de una posición, de una actitud o de unos principios, porque eso impedirá la investigación. Tanto si están en contra del sexo, como si insisten en que el sexo forma parte del vivir y es imprescindible para la vida, cualquier suposición de esa clase impedirá la percepción verdadera. Debemos descartar toda conclusión, a fin de estar libres para mirar, para examinar.

Empezaron a caer unas pocas gotas de lluvia y los pájaros se aquietaban esperando la fuerte tormenta, que dejaría las hojas nuevamente frescas y verdes, llenas de luz y color. Había olor a lluvia y la extraña quietud que sobreviene antes de la tormenta se extendió sobre la Tierra.

Así pues, tenemos dos problemas: el amor y el sexo. El primero es una idea abstracta, mientras que el otro es una necesidad biológica cotidiana y real, un hecho que existe y no puede negarse. Averigüemos primero lo que es el amor, no como idea abstracta, sino lo que realmente es. ¿Qué es el amor? ¿Es un simple goce de los sentidos cultivado por el pensamiento como placer? ¿Es el recuerdo de una experiencia que ha producido gran deleite o disfrute sexual? ¿Es la belleza de una puesta de Sol, de la hoja delicada que uno ve y toca, o el aspirar la fragancia de la flor? ¿Es el amor placer, es deseo, o no es ninguna de estas cosas? ¿Debe dividirse el amor en sagrado y profano, o es algo indivisible, total, que no puede ser fragmentado por el pensamiento? ¿Puede el amor existir sin el objeto, o sólo surge a causa del objeto? ¿Es ver el rostro de una mujer lo que despierta el amor en uno, lo que significa que es sensación, deseo, placer, a lo cual el pensamiento le da continuidad? ¿Es el amor un estado en el que respondemos a la belleza con ternura? ¿Es el amor algo cultivado por el pensamiento, de modo que lo importante es el objeto? ¿O está el amor completamente desvinculado del pensamiento y, por tanto, es independiente y libre? Si no comprendemos la palabra "amor" y el significado que encierra, nos torturaremos, nos volveremos neuróticos en relación con el sexo, o bien seremos esclavizados por él.

El amor no debe ser fragmentado por el pensamiento, porque si lo divide en impersonal o personal, sensual o espiritual, mi patria y su patria, mi dios y su dios, entonces deja de ser amor; se convierte en algo por completo distinto, en un producto de la memoria, de la propaganda, de la conveniencia, de la comodidad, y todas estas cosas.

Ahora bien, ¿es el sexo producto del pensamiento? ¿Es el sexo –el placer, el deleite, la compañía, la ternura que el sexo entraña– un recuerdo fortalecido por el pensamiento? En el acto sexual hay olvido y abandono de uno mismo, una sensación de que el miedo, la ansiedad y las preocupaciones de la vida han dejado de existir. Cuando recordamos ese estado de ternura y olvido de uno mismo, le damos vueltas hasta repetirlo y disfrutarlo de nuevo en una próxima ocasión. ¿Es eso ternura, o es simplemente un recuerdo de algo pasado que pensando en él esperamos volver a disfrutar? ¿No es un proceso destructivo la repetición de algo, por muy agradable que sea?

Súbitamente el joven retomó el habla: «El sexo es una necesidad biológica, tal como ha dicho recientemente, y si el sexo es destructivo, ¿no es también destructivo el comer, que igualmente es una necesidad biológica?».

Si uno come cuando tiene hambre, ésa es una cuestión. Pero si uno tiene hambre y el pensamiento dice: «Tengo que probar esta o aquella clase de alimento», entonces es una acción del pensamiento y, eso, sí es una acción destructiva.

«¿Cómo puedo saber –en relación con el sexo– cuándo es una necesidad biológica, igual que el hambre, y cuándo es una urgencia psicológica, como la codicia?», preguntó el joven.

¿Por qué establece esa división entre la necesidad biológica y la urgencia psicológica? Y aún nos queda otra pregunta, una cuestión muy diferente: ¿por qué separa el sexo del hecho de ver la belleza de una montaña o el encanto de una flor? ¿Por qué le da tanta importancia a uno y descuida totalmente al otro?

«Si como dice el sexo es algo muy diferente del amor, entonces, ¿qué necesidad hay de hacer algo en relación con el sexo.»

En ningún momento hemos dicho que el amor y el sexo sean dos cosas separadas. Hemos dicho que el amor es total, que no debemos fragmentarlo, y que el pensamiento, por su propia naturaleza, es fragmentario. Cuando el pensamiento domina, evidentemente no hay amor. El hombre en general conoce –o quizás sólo conoce– el sexo del pensamiento, que es el acto de pensar en el placer para repetirlo de nuevo. Por tanto, la siguiente pregunta es: ¿existe alguna otra clase de placer que no dependa del pensamiento o del deseo?

El *sannyasi* lo había escuchado todo con mucha atención. Ahora intervino diciendo: «Yo he reprimido el sexo, he hecho votos en contra de él, ya sea por tradición, por razonamiento, he creído necesaria esa energía para consagrarme a la vida religiosa. Pero ahora veo que esta resistencia me ha supuesto una cantidad de energía enorme. He dedicado mucho tiempo a resistirme y de esa manera he desperdiciado más energía de la que hubiera empleado en el sexo mismo. Por eso le comprendo ahora cuando dice que cualquier conflicto es un derroche de energía. El conflicto y la lucha son más agotadores que la contemplación del rostro de una mujer o incluso quizás que el sexo en sí mismo».

¿Existe el amor sin deseo, sin placer? ¿Existe el sexo sin deseo, sin placer? ¿Existe el amor total, sin que intervenga el pensamiento? ¿Es el sexo algo del pasado, o cada vez es algo nuevo? El pensamiento es evidentemente viejo, por eso siempre comparamos lo viejo con lo nuevo. Hacemos preguntas partiendo de lo viejo y esperamos una respuesta que no se base en lo viejo. De modo que cuando preguntamos si puede haber sexo sin que funcione todo el mecanismo del pensamiento, ¿no significa esto que aún no hemos soltado lo viejo? Estamos tan condicionados por lo viejo que no encontramos el camino hacia lo nuevo. Dijimos que el amor es indivisible y siempre nuevo, pero no nuevo en oposición a lo viejo, porque eso sigue siendo lo viejo. Cualquier afirmación de que hay sexo sin deseo no tiene ningún valor, pero si uno ha comprendido por completo el significado del pensamiento, tal vez entonces pueda encontrarse con lo otro. No obstante, si queremos disfrutar del placer a cualquier precio, entonces no habrá amor.

El joven replicó: «Esa necesidad biológica de la que habla se convierte precisamente en una exigencia porque obliga a pensar, aunque en sí misma sea diferente del pensamiento».

«Quizás yo pueda contestar a mi joven amigo –dijo el *sannyasi*–, porque he pasado por todo eso; durante años me he disciplinado para no mirar a ninguna mujer y he controlado despiadadamente la necesidad biológica. Ahora bien, la necesidad biológica no obliga a pensar; es el pensamiento el que la captura, la utiliza, y de esa necesidad biológica el pensamiento crea imágenes, escenas, así es como esa necesidad se convierte en esclava del pensamiento; la mayoría de las veces es el pensamiento el que crea la necesidad. Como dije antes, empiezo a ver la extraordinaria complejidad de nuestro propio engaño y falsedad; hay demasiada hipocresía en nosotros y, por eso, no somos capaces de ver las cosas tal como son, sino que creamos ilusiones con respecto a ellas. Como nos ha dicho, señor, debemos mirarlo todo con claridad, sin el recuerdo del ayer; eso lo ha venido repitiendo muy a menudo en sus charlas; entonces es cuando la vida no se convierte en un problema. Precisamente ahora, en la vejez, es cuando empiezo a darme cuenta de todo esto.»

El joven no parecía completamente satisfecho. Lo que quería era vivir la vida de acuerdo con sus propios términos y condiciones, de acuerdo con la fórmula que con gran cuidado había establecido.

Por eso es tan importante conocerse uno mismo, no de acuerdo con una fórmula o de acuerdo con un *gurú*. El constante darse cuenta sin preferencias, sin elección alguna, es lo que elimina todas las ilusiones y toda hipocresía.

Ahora la lluvia caía torrencialmente y el aire no se movía; sólo se escuchaba el golpeteo de las gotas sobre los tejados y sobre las hojas.

CALIFORNIA

CAPÍTULO 16

La meditación no es la simple vivencia de algo que está más allá del pensamiento y las emociones cotidianas, ni es la búsqueda de fantasías y deleites. Una mente mediocre, inmadura y miserable, puede tener, y de hecho tiene, visiones cuando la conciencia se desborda, así como experiencias que luego reconoce según su propio condicionamiento. Esa inmadurez puede perfectamente lograr éxitos en este mundo, conseguir fama y notoriedad. De igual forma, los *gurús* que acostumbramos a seguir tienen esa misma habilidad y condición. Pero la meditación no tiene nada que ver con estas personas o esta inmadurez; no es posible buscarla, porque el buscador encuentra lo que quiere, y la satisfacción que obtiene de ello es la base de sus propios temores.

Haga lo que haga, el hombre que depende de creencias o dogmas no puede penetrar en la profundidad de la meditación. Para meditar es necesaria la libertad; no es que la meditación venga primero y luego la libertad; la libertad –la negación total de la moralidad y de los valores sociales– es el primer movimiento de la meditación. La meditación no es una actividad pública, no es la actividad de una multitud que se reúne y eleva una plegaria; se sostiene sola y está siempre más allá de las fronteras de la conducta social, porque la verdad no se encuentra en las cosas del pensamiento, ni en lo que el pensamiento ha elaborado y llama "la verdad". La completa negación de toda esta estructura del pensamiento es la cualidad positiva de la meditación.

El mar estaba muy calmado esa mañana; era muy azul, casi parecía un lago, y el cielo estaba despejado. Las gaviotas y pelícanos volaban cerca de la superficie del agua –los pelícanos, casi tocando el agua con sus pesadas alas y lento vuelo. El cielo tenía un azul intenso y los montes lejanos, a excepción de unos pocos arbustos, se veían quemados por el Sol. Un águila roja que venía de los montes sobrevoló la hondonada y desapareció entre los árboles.

La luz en aquella parte del mundo tenía cierta intensidad y brillantez, pero no llegaba a cegar la vista. Había olor a zumaque, azahar y eucalipto. Desde hacía muchos meses no había llovido y la tierra estaba quemada, reseca y agrietada. Ocasionalmente se veían ciervos en los montes, y una vez caminando por lo alto de la montaña, vimos un oso, polvoriento y de aspecto descuidado. A lo largo del sendero se arrastraban a menudo las serpientes de cascabel y, de vez en cuando, pasaba una especie de iguana. Rara vez nos cruzábamos con alguien por el camino. Era un sendero polvoriento, pedregoso, y reinaba un silencio absoluto.

Justo frente a nosotros había una codorniz con sus polluelos; lo más seguro es que hubiera más de una docena de ellas inmóviles, fingiendo que no existían. A medida que ascendíamos, todo se volvía más silvestre, pues no había morada alguna ni agua; tampoco se veían pájaros ni árboles. El Sol era muy fuerte, penetraba en la carne como una mordida de cuchillo.

Nos encontrábamos a gran altitud cuando, de repente, muy cerca de nosotros vimos una serpiente, haciéndonos una advertencia con el agudo cascabeleo de su cola. Dimos un salto; ella se quedó allí quieta, toda enrollada en el centro y con su cabeza triangular apuntando hacia nosotros. Estábamos a algo más de un metro y a esa distancia no podía atacarnos. La mirábamos fijamente y ella también nos miraba con los ojos sin pestañear;

así nos mantuvimos durante un rato, viendo su pesada flexibilidad, el peligro que suponía, pero no sentimos ningún miedo. Entonces, mientras la observábamos, fue desenrollando la cabeza y la cola, a la vez que retrocedía poco a poco, alejándose de nosotros. Si avanzábamos hacia ella, volvía a enrollarse con la cola en el centro, preparada para el ataque. Así seguimos el juego hasta que la serpiente se cansó, y nosotros lo dejamos para descender hacia la playa.

Era una casa hermosa y tenía las ventanas abiertas mirando al césped. Su interior era de color blanco y de proporciones armónicas. En las noches frías se encendía el hogar y era agradable observar el fuego con sus mil llamas y numerosas sombras. No se escuchaba ningún ruido, excepto el sonido del mar inquieto.

Había un pequeño grupo de dos o tres personas en la habitación, hablando de temas generales: la juventud moderna, el cine, etcétera. Entonces uno de los hombres dijo: «¿Podemos hacerle una pregunta?». No dejaba de ser una lástima perturbar el mar azul y los montes. «Queremos preguntarle qué significa el tiempo para usted. Hasta cierto punto, estamos informados de lo que dicen los hombres de ciencia y los escritores de ciencia-ficción, aunque me parece que el ser humano ha estado siempre atrapado en este problema del tiempo: los eternos ayeres y mañanas. Desde las épocas más remotas hasta el día de hoy, el tiempo ha ocupado la mente del hombre, a pesar de que los filósofos han especulado acerca de él, y las religiones cuentan con sus propias explicaciones. ¿Podemos hablar sobre este asunto?»

¿Quieren investigar de verdad el tema a fondo o les interesa comentarlo sólo superficialmente y luego dejarlo? Si queremos hablar de esto seriamente, debemos olvidar lo que han dicho las religiones, los filósofos y otros, porque en realidad no podemos confiar en ninguno de ellos. La desconfianza no es por insensibilidad, indiferencia o arrogancia, sino porque uno ha visto que para investigar es imprescindible descartar toda autoridad. Si estamos dispuestos a eso, tal vez entonces podamos entrar en este asunto con sencillez.

Dejando a un lado el reloj, ¿existe realmente el tiempo? ¡Aceptamos tantas cosas! Nos han inculcado la obediencia hasta tal punto que aceptar parece natural. Pero ¿existe otro tiempo que no sea el de los muchos ayeres? ¿Es el tiempo una continuidad como ayer, hoy y mañana? ¿Existe tiempo sin el ayer? ¿Qué da continuidad a los miles de ayeres?

Una causa produce su efecto, y el efecto, a su vez, se convierte en causa; no hay división entre ambos, es un solo movimiento. A este movimiento le llamamos tiempo, y con este movimiento en nuestros ojos y en nuestros corazones, miramos todas las cosas. Vemos con los ojos del tiempo e interpretamos el presente en función del pasado, y con esa interpretación abordamos el futuro. Así es como se establece la cadena del tiempo.

El pensamiento, atrapado en este proceso, pregunta: «¿Qué es el tiempo?». Pero esa misma pregunta pertenece a la mecánica del tiempo; por tanto, esa pregunta no tiene sentido, porque el pensamiento *es* tiempo. El ayer ha producido el pensamiento, y por eso el mismo pensamiento divide el espacio en ayer, hoy y mañana; o también puede decir: «Sólo existe el presente», olvidándose de que ese presente es el resultado del ayer.

Nuestra conciencia está configurada basándose en esa cadena del tiempo, y estando dentro de su área limitada, preguntamos: «¿Qué es el tiempo? ¿Y si no hay tiempo, qué le sucede al ayer?». Tales preguntas se formulan dentro del campo del tiempo, y cuando el pensamiento pregunta acerca del tiempo, no es posible que encuentre la respuesta.

¿Existe realmente el ayer y el mañana, o sólo existe el ahora? Ésta no es una pregunta formulada por el pensamiento, sino una pregunta que nace cuando se ve la estructura y la naturaleza del tiempo, aunque se vea con los ojos del pensamiento.

¿Existe en realidad el mañana? Es evidente que existe si tengo que tomar un tren; pero internamente, ¿existe el mañana del dolor, del placer, y del logro? ¿O existe sólo el ahora que no tiene relación con el ayer? El tiempo se detiene cuando cesa el pensamiento; en ese instante de cese es donde existe el ahora. El ahora no es una idea, sino un hecho verdadero, siempre y cuando todo el mecanismo del pensamiento haya terminado. La *fuerza* del ahora es por completo diferente de la palabra, la cual forma parte del tiempo. Así pues, no dependamos de las palabras "ayer", "hoy" y "mañana". Sólo en la libertad existe el *ahora* como realidad, y la libertad no es un estado que el pensamiento puede cultivar.

La siguiente pregunta es: ¿cuál es la acción del ahora? Sólo conocemos la acción que pertenece al tiempo, a la memoria, y al intervalo entre el ayer y el presente. En ese intervalo o espacio comienza toda la confusión y el conflicto. Por eso, lo que realmente preguntamos es, ¿si no hay un intervalo, desde dónde se inicia la acción? La mente consciente puede decir: «Hice algo espontáneamente», pero eso no es así; no hay tal cosa como la espontaneidad, porque la mente está condicionada. El único hecho es la realidad presente; la realidad es el ahora, y como el pensamiento no puede estar con el hecho, construye imágenes sobre el hecho. El intervalo entre la imagen y *lo que es* es la confusión creada por el pensamiento.

Ver *lo que es* sin el ayer, es el ahora. El ahora es el silencio del ayer.

CAPÍTULO 17

La meditación es un movimiento que no tiene fin. Uno nunca debería decir que está meditando, o que ha fijado un período para meditar. La meditación no se subordina a nuestra conveniencia; su bendición no se manifiesta por que llevemos una vida sistematizada, una rutina o moralidad particular; adviene sólo cuando el corazón está realmente abierto. No abierto por la llave del pensamiento ni resguardado por el intelecto, sino cuando está abierto como los cielos sin nubes; entonces esa bendición llega de improviso, sin ser invitada, pero uno nunca puede controlarla, retenerla o adorarla. Si intenta hacerlo, nunca regresará de nuevo; no importa lo que haga, la meditación se alejará.

En la meditación uno no es importante, no tiene cabida en ella. La belleza de la meditación no es uno, está en ella misma, y sobre eso no es posible sacar o añadirle nada. No mire por la ventana esperando apresarla de improviso, ni la espere sentado en un salón oscuro; únicamente adviene cuando uno no está, y su dicha no tiene continuidad.

Las montañas dominaban el inmenso mar azul, que se extendía a lo largo de kilómetros y kilómetros. En los montes cercanos, áridos y quemados por el Sol, sólo crecían algunos pequeños arbustos, y en sus pliegues había árboles requemados también por el Sol o por las llamas, pero seguían en pie, floreciendo y en calma. Había un árbol especial, un viejo roble enorme, que parecía dominar todos los montes a su alrededor. En la cima de un monte cercano había un árbol completamente muerto, quemado por el fuego; allí estaba aún, de pie, desnudo, gris, sin una sola hoja. Cuando mirábamos aquellas montañas, su belleza y sus contornos recortados en el cielo azul, este árbol quemado y solitario parecía sostener el cielo. Tenía muchas ramas, todas sin hojas, y nunca más volvería a sentir la primavera; sin embargo, irradiaba una intensa vitalidad, elegancia y belleza; uno se sentía parte de él –solitario, sin nada en que apoyarse, sin tiempo.

Daba la impresión de que seguiría allí para siempre, al igual que el viejo roble enorme del valle. Este último estaba vivo y el otro muerto, pero ambos eran las únicas cosas importantes en esos montes requemados por el Sol, abrasados por el fuego, en espera de las lluvias del invierno. En estos dos árboles se podía ver la totalidad de la vida –incluyendo la propia–, uno vivo y el otro muerto; mientras, entre ambos yacía el amor, protegido, invisible, y sin que nada existiera.

Debajo de la casa vivía una madre coatí con sus cuatro crías. El día que llegamos la madre con sus cuatro bebés estaban en la galería. De inmediato se mostraron amistosos –con sus negros ojos penetrantes y sus suaves patas– y pidiendo impacientemente que se les diera algo de comer, aunque la madre se mantenía alejada. A la tarde siguiente, de nuevo estaban allí; tomaban el alimento de nuestras manos y sus patas nos rozaban con suavidad. Se hallaban listos para ser domesticados, para ser mimados, y no dejaba de sorprendernos su belleza y sus movimientos. En pocos días no se separarían de nosotros y se podía apreciar en ellos la inmensidad de la vida.

Era un día despejado, hermoso, y cada pequeño árbol y arbusto se destacaba nítidamente en el fulgor del Sol. El hombre que venía del valle había subido a través del monte hasta llegar a la casa, que dominaba el despeñadero y, más a lo lejos, toda la larga cordillera. Muy próximos a la casa había unos pocos pinos y altos bambúes.

Era un joven lleno de esperanzas, a quien la brutalidad de la civilización no lo había contaminado aún. Lo que deseaba era sentarse en paz, estar en silencio, no sólo con el silencio de los montes, sino también con la quietud de su propia necesidad imperiosa.

«¿Qué papel desempeño en este mundo? ¿Qué relación guardo con todo el orden existente? ¿Cuál es el significado de este conflicto interminable? Tengo mi pareja y dormimos juntos; sin embargo, eso no lo es todo. En su conjunto, las cosas parecen como un sueño distante, aparecen y desaparecen, palpitan un momento y al rato no tienen sentido. He visto a algunos de mis amigos tomar drogas, volverse estúpidos y atrofiados. Quizás a mí mismo, sin necesidad de drogas, me atrofie la rutina de la vida y la aflicción de mi propia soledad. Siento que entre tantos millones de personas soy un ser insignificante, y que seguiré el camino que han seguido la mayoría, sin nunca encontrar esa joya incorruptible, que no puede robarse y que nunca pierde su brillo. Ése es el motivo de venir hasta aquí y hablar con usted, si es que dispone de tiempo suficiente. No quiero que responda a mis preguntas, simplemente estoy perturbado; aunque soy todavía muy joven, me siento sin ánimos. A mi alrededor veo a la vieja y desesperanzada generación, con su amargura, crueldad, hipocresía, sus compromisos y su prudencia. Son gente que no tiene nada que ofrecer y, cosa bastante extraña, no quiero nada de ellos. De hecho, no sé lo que quiero, pero sí tengo claro que debo vivir una vida plena, que tenga realmente sentido. Por supuesto, no quiero trabajar en alguna oficina para ir ascendiendo y llegar a ser alguien dentro de esa existencia informe e insensata. A veces lloro a solas al contemplar la soledad y la belleza de las estrellas distantes.»

Permanecimos sentados en silencio durante un tiempo; el pino y los bambúes se movían con la brisa.

La alondra y el águila no dejan rastro en su vuelo, mientras que el científico deja una señal, al igual que todos los especialistas. Es posible seguirlos paso a paso, se pueden añadir nuevos pasos a los que ellos han dado o acumulado y, más o menos, se sabe hacia dónde conduce esa acumulación. Pero la verdad no es así; en realidad es una tierra sin caminos, que puede estar en la próxima curva de la carretera, o a miles de kilómetros de distancia. Uno tiene que avanzar, entonces la sentirá justo a su lado. Pero si se detiene y traza un camino para que otros lo sigan, o diseña para sí mismo un plan de vida, la verdad nunca se le acercará.

«¿Es esto una realidad, o es poesía?»

¿Cuál de las dos cree que es? Queremos tener todo planeado de antemano a fin de poder hacer algo práctico, construir algo, o adorarlo. Si traemos a casa un pedazo de madera, lo colocamos en una repisa, le ponemos una flor delante todos los días, al cabo de un tiempo esa madera tendrá un gran significado. La mente puede darle significado a cualquier cosa, pero este significado no posee valor alguno. Preguntar cuál es el propósito de la vida es como adorar ese pedazo de madera. Lo terrible es que la mente esté siempre inventando nuevos propósitos, nuevos significados, nuevos placeres, para luego destruirlos; nunca está quieta. Una mente plena en su quietud, nunca mira más allá de *lo que es*; uno debe ser tanto el águila como el científico, sabiendo muy bien que esos dos estados nunca pueden encontrarse. Lo cual no significa que sean dos cosas separadas; ambos son necesarios. Pero cuando el científico quiere ser águila, o cuando el águila deja un rastro, hay desdicha en el mundo.

Todavía es joven; nunca pierda su inocencia ni la vulnerabilidad que le acompaña. Ése es el único tesoro que el hombre puede y debe tener.

«¿Es esta vulnerabilidad el principio y el fin de la existencia? ¿Es la única joya preciada que puede descubrirse?»

No puede ser vulnerable si uno no es inocente, y aunque
tenga mil experiencias, mil sonrisas y mil lágrimas, si no
muere a ellas, ¿cómo puede la mente tener ese estado de inocencia? Así pues, únicamente la mente inocente –a pesar de
sus mil experiencias– puede ver lo que es la verdad; y sólo la
verdad puede hacer vulnerable a la mente, es decir, libre.

«Según dice, no podemos ver la verdad si no somos inocentes y no podemos ser inocentes sin ver la verdad. ¿No es
eso el pez que se muerde la cola?»

La inocencia sólo existe cuando se muere al ayer, pero nosotros nunca morimos al ayer; siempre dejamos un residuo,
un pedazo del ayer, y esto mantiene a la mente anclada, rete-
nida por el tiempo. Por tanto, el enemigo de la inocencia es el
tiempo; de modo que uno tiene que morir cada día a todas las
cosas que la mente ha aprisionado y retenido, de lo contrario
no hay libertad, porque en la libertad está la vulnerabilidad.
No es primero una cosa y después la otra, es un solo movimiento: juntas vienen y van. De hecho, la plenitud del corazón es la inocencia.

CAPÍTULO 18

Meditar es vaciar la mente de lo conocido; y lo conocido es el pasado. No es vaciar la mente después de acumular, sino más bien no acumular en modo alguno. Sólo en el presente es posible vaciar el pasado; no por medio del pensamiento, sino por la acción, por la actividad de *lo que es*. El pasado es un movimiento que va de conclusión en conclusión, y la conclusión aparece cuando juzgamos *lo que es*. Todo juicio es conclusión, sea del pasado o del presente, y esa conclusión impide que la mente se vacíe constantemente de lo conocido, porque lo conocido es siempre una conclusión, una evaluación.

Lo conocido es la acción de la voluntad y, cuando la voluntad actúa, lo conocido prosigue sin fin; por tanto, la acción de la voluntad no tiene posibilidad alguna de vaciar la mente. El vaciado de la mente no puede comprarse en el altar de las peticiones; simplemente sucede cuando el pensamiento se da cuenta de sus propias actividades, lo cual no significa que el pensador se da cuenta de su pensamiento.

La meditación es la inocencia del presente y, por tanto, permanece siempre en soledad. La mente que está en completa soledad, sin la intervención del pensamiento, deja de acumular; de modo que el acto de vaciar la mente sucede siempre en el presente. Para la mente que está sola, el futuro –que pertenece al pasado– deja de existir. La meditación es un movimiento, no una conclusión, ni un fin que deba alcanzarse.

Era un bosque muy extenso, poblado de secuoyas, robles, pinos y arbustos. Un arroyo, con su constante murmullo, corría ladera abajo. Había pequeñas mariposas, azules y amarillas, que aparentemente no encontraban flores donde reposar y revoloteaban dirigiéndose hacia el valle.

Era un bosque viejo y las secuoyas más viejas aún. Eran árboles enormes, de gran altura, y había alrededor de ellos esa atmósfera peculiar que adviene cuando el ser humano está ausente, cuando ha dejado sus armas, su parloteo y la ostentación de sus conocimientos. No había ninguna carretera que cruzara el bosque, y el automóvil había que dejarlo a cierta distancia y luego caminar a lo largo de un sendero cubierto de hojas puntiagudas de pino.

Un grajo avisaba a todo el mundo de que se aproximaba un ser humano. El aviso resultó efectivo, porque todo movimiento animal pareció detenerse, y se presentía una atmósfera de intensa vigilancia. Los rayos del Sol tenían dificultades para adentrarse hasta el camino y reinaba un silencio que casi se podía tocar.

Dos ardillas rojas de larga cola peluda bajaban por el pino gruñendo, y sus garras producían el sonido de un raspador. Se perseguían una a otra dando vueltas y más vueltas alrededor del tronco, de arriba hacia abajo, con un gran frenesí de placer y deleite. Había cierta tensión entre ellas: la sintonía del juego, del sexo y de la diversión; realmente estaban disfrutando. La de más arriba se detenía de súbito y vigilaba a la de más abajo, todavía en movimiento, hasta que también se detenía, entonces se miraban mutuamente con las colas erectas y las narices contraídas, una frente a la otra. Con sus ojos penetrantes se controlaban y también si había movimiento alguno a su alrededor. En un principio habían regañado al observador que estaba sentado bajo un árbol, pero ahora se habían olvidado de él, aunque seguían atentas una de la otra, y se podía sentir el gran deleite que cada una experimentaba en compañía de la otra. Lo más seguro es que el nido estuviera en lo alto. Al rato se cansaron; una se fue hacia arriba y la otra hacia el suelo desapareciendo tras otro árbol.

El grajo azul, perspicaz y curioso, las había estado observando, como también al hombre sentado bajo el árbol. Luego levantó el vuelo emitiendo un ruidoso reclamo.

Asomaban algunas nubes y parecía que en una o dos horas se desataría una tormenta.

Se había doctorado como psicoanalista y estaba trabajando en una clínica importante. Era una mujer bastante joven, con moderna vestimenta –la falda por encima de la rodilla–. Parecía muy activa y era obvio que tenía problemas. Sentada a un lado de la mesa, hablaba innecesariamente, expresando con vehemencia lo que pensaba de las cosas, y parecía no sentir ningún interés por el mundo que se abría al otro lado de la gran ventana: las flores, la brisa que soplaba entre las hojas, y los altos y gruesos eucaliptos que se mecían con suavidad en el viento. Comía por comer, y no estaba particularmente interesada en los alimentos que tomaba.

En el pequeño salón contiguo dijo: «Los psicoanalistas ayudamos a los enfermos a adaptarse a una sociedad aún más enferma y, en ocasiones, muy raramente, lo logramos, aunque en realidad cualquier éxito es el logro de la propia naturaleza. He tratado a muchas personas; sin embargo no me gusta lo que hago, pero de alguna manera tengo que ganarme la vida, y ¡hay tanta gente enferma! No creo que sea posible ayudar de verdad a los demás, pese a que constantemente se experimenta con nuevas drogas, sustancias químicas y teorías más modernas. Pero, dejando a un lado a los enfermos, yo misma lucho por ser diferente…, diferente del prototipo de persona común».

Esa lucha suya por ser diferente, ¿no es igual que la de los demás? Y ¿por qué toda esa lucha?

«Porque si no me esfuerzo ni lucho, seré como cualquier vulgar ama de casa burguesa. Quiero ser distinta y, por eso, no quiero ni casarme. Pero en realidad me siento muy sola y esa soledad me ha empujado a hacer este trabajo.»

De modo que esta soledad la está llevando gradualmente al suicidio, ¿no es así?

Ella asintió con la cabeza; estaba casi anegada en lágrimas.

¿No es la actividad completa de la conciencia la que conduce al aislamiento, al temor, a esta lucha incesante por ser diferente? Todo eso forma parte de la urgencia por lograr algo, por identificarse con algo más, o identificarse con lo que uno es. La mayoría de los psicoanalistas tienen unos líderes, y todo su trabajo está basado en las teorías de estos maestros y sus escuelas, limitándose a introducir alguna pequeña modificación o a añadir algún giro novedoso.

«Pertenezco a la nueva escuela; abordamos el problema sin usar el símbolo, y nos enfrentamos a la realidad del hecho. Hemos descartado a los maestros anteriores con su simbología y nosotros vemos al ser humano tal como es. Seguramente, también esto se convertirá en otra nueva escuela; pero no he venido para hablar de las diferentes escuelas, teorías y maestros, sino más bien para hablar de mí misma; no sé qué hacer.»

¿No está enferma al igual que los pacientes que trata de curar? ¿No forma parte de la sociedad, que está tanto o más confundida y enferma que usted misma? De modo que la cuestión es más básica, ¿no le parece?

Somos el resultado de ese enorme lastre de la sociedad, con su cultura y sus religiones, y eso es lo que la arrastra, tanto en el nivel económico como en el interno. O bien hace las paces con la sociedad, lo que significa aceptar sus males y vivir con ellos, o rompe por completo con ella y busca una nueva forma de vida. Pero no es posible encontrar el nuevo camino sin abandonar el viejo.

Lo que realmente desea es seguridad, ¿no es cierto? Eso es lo único que el pensamiento en realidad quiere: ser diferente, más ingenioso, más sagaz o más hábil. Basándose en estas cosas trata de encontrar la seguridad completa, ¿verdad? Pero ¿existe tal cosa como la seguridad? La seguridad niega el orden; no hay seguridad en la relación, en la creencia, en la acción; y debido a que busca seguridad, lo que hace es crear desorden. Así pues, la seguridad genera desorden, y cuando nos damos cuenta del creciente desorden en uno mismo, entonces queremos deshacernos de él para siempre.

Dentro del área de la conciencia, con sus amplias pero limitadas fronteras, el pensamiento siempre trata de encontrar un lugar seguro, y lo único que consigue en su búsqueda es crear desorden. Por consiguiente, el orden no puede ser resultado del pensamiento; cuando el desorden finaliza, entonces hay orden. El amor no está dentro del ámbito del pensamiento y, al igual que la belleza, no puede ser tocado por el pincel del pintor. De manera que tenemos que abandonar todo el desorden que hay en nosotros mismos.

Se quedó en silencio, retraída en sí misma; hacía esfuerzos por contener las lágrimas, que descendían por sus mejillas.

CAPÍTULO 19

El sueño es tan importante como la vigilia; tal vez incluso más. Si durante el día la mente se mantiene vigilante, sosegada, observando el movimiento interno y externo de la vida, entonces durante la noche la meditación llega como una bendición; y cuando esa mente se despierta por la mañana, de la profundidad del silencio de la meditación nace una bendición, que ninguna imaginación, ni el vuelo de la fantasía, pueden traer jamás. Esa bendición llega sin ser invitada por la mente, emana de la quietud de la conciencia; no de su interior, sino fuera de ella; no en la periferia del pensamiento, sino más allá de su alcance. Por tanto, en la meditación no hay registro alguno, porque el recuerdo pertenece siempre al pasado, y la meditación no es la resurrección del pasado; ella emana de la plenitud del corazón y no de la brillantez o capacidad del intelecto.

Puede darse noche tras noche; pero si uno ha llegado a esa bendición, aunque suceda cada noche, será nueva; no nueva por ser diferente de lo viejo, sino nueva sin pasado, sin la acumulación de lo viejo, nueva en su diversidad y en su inalterable mutación. De modo que el dormir tiene entonces extraordinaria importancia; no el dormir por agotamiento, ni el sueño producido por las drogas o por la satisfacción física, sino ese dormir que es tan liviano y ligero como sensible es el cuerpo; y el cuerpo se vuelve sensible cuando vive en estado de atención. A veces la meditación es tan ligera como una brisa que pasa; otras veces, su profundidad está más allá de toda medida. Pero si la mente se aferra a una o a la otra, y las convierte en un recuerdo para satisfacerse, entonces el éxtasis de la meditación cesa. Es importante que nunca la posea o desee poseerla. La posesión jamás debe entrar en la meditación, porque la meditación no tiene raíces ni materia alguna donde la mente pueda agarrarse.

El otro día, mientras subíamos por el profundo cañón –que permanecía entre sombras, con las áridas montañas a ambos lados–, por todas partes había pájaros e insectos y también la callada actividad de pequeños animales. Caminamos ascendiendo por el suave declive hasta llegar a una gran altura, desde donde se divisaban las colinas y montañas de alrededor envueltas en la luz del Sol poniente. Parecía como si tuvieran luz propia, una luz que nunca se apagaría. Pero a medida que observábamos, la luz finalmente fue perdiendo intensidad, mientras en el Oeste la estrella vespertina brillaba cada vez más. Era una tarde cautivadora y, de algún modo, sentíamos que el universo entero estaba allí a nuestro lado, rodeados de una extraña quietud.

No somos una luz para nosotros mismos: tenemos la luz artificial de otros, la luz que el conocimiento, la capacidad y el talento nos dan. Este tipo de luces se apagan y aparece el sufrimiento, porque la luz del pensamiento se convierte en su propia sombra. Pero esa luz que nunca se apaga, esa profunda claridad interna imposible de comprar, no puede mostrarse a otro; tampoco uno puede ir detrás de ella o cultivarla, ni puede imaginarla o especular sobre ella, porque no está al alcance de la mente.

Era un monje de cierta reputación, pues había vivido tanto en un monasterio como fuera de él, investigando en solitario y con verdadera seriedad.

«Lo que dice acerca de la meditación parece cierto; está lejos de nuestro alcance, lo cual significa que no debe buscarse o desearse, ni intentar acercarse a ella, tanto si se trata de un intento deliberado sentándose en una postura concreta, como de una determinada actitud hacia la vida o hacia uno mismo, ¿no es así? Por tanto, ¿qué debe uno hacer? ¿Qué sentido tiene hablar de ella?»

Como consecuencia de sentirse vacío, uno investiga, busca, ya sea para llenar ese vacío o bien para escapar de él. Ese movimiento hacia afuera que nace de la pobreza interna, es conceptual, especulativo, dualista, y genera un conflicto que no tiene fin. Por consiguiente, ¡no lo busque! Pero tenga cuidado, porque la energía empleada en buscar hacia afuera, se desvía ahora hacia adentro esperando encontrar algo que llama "lo interno"; los dos movimientos son esencialmente el mismo, ambos tienen que cesar.

«¿Está diciendo que simplemente nos contentemos con este vacío?»

Por supuesto que no.

«Pero el vacío está aquí, establecido en forma de desesperación; y… ¡esa desesperación aumenta si uno no puede buscar!»

¿Existe tal desesperación si uno ve la verdad de que el movimiento externo e interno no tienen sentido? ¿Significa eso resignarse a *lo que es*? ¿Se trata de aceptar el vacío? No es ninguna de esas cosas. Por tanto, ha dejado de ir hacia afuera y hacia adentro, de aceptar, ha rechazado todo movimiento de la mente cuando afronta ese vacío; y, entonces, la mente misma está vacía, porque ella es la que genera cualquier movimiento. Así pues, si la mente está vacía de todo movimiento, no hay ninguna entidad que haga movimiento alguno; de modo que permita que la mente esté vacía; déjela *estar* vacía. Así la mente se depura a sí misma del pasado, del futuro y del presente; se depura a sí misma del devenir, y el devenir es el tiempo; entonces no hay tiempo, no hay dimensión; en *ese* momento, ¿existe el vacío?

«Este estado va y viene a menudo. Puede que no sea el vacío, ni posiblemente el éxtasis del que usted habla.»

Olvide lo que hemos estado diciendo; olvide también que va y viene. Tanto si va y viene, sigue perteneciendo al tiempo, y entonces aparece el observador que dice: «Ahora está aquí, o se ha ido». Ese observador es el que mide, compara, evalúa, por tanto, no es el vacío del cual estamos hablando.

«¿Me está usted hipnotizando?», dijo riendo.

Cuando no hay dimensión ni tiempo, ¿tiene el vacío límite o configuración alguna? ¿Puede entonces llamarlo vacío o nada? En ese momento todo está y nada está.

CAPÍTULO 20

Durante toda la noche había llovido copiosamente y, ahora, mientras uno se levantaba temprano por la mañana, sentía un fuerte olor a zumaque, a salvia y a tierra mojada. Era una tierra roja, y la tierra roja parece producir un olor más fuerte que la marrón. Ahora el Sol se extendía sobre los montes, con ese extraordinario color castaño oscuro, y los árboles y arbustos lavados por la lluvia de la noche anterior, estaban resplandecientes; todo rebosaba de gozo. No había llovido desde hacía seis u ocho meses, y es fácil imaginar cómo se regocijaba la tierra. No sólo la tierra, sino todo lo que había en ella: los enormes árboles, los altos eucaliptos, el pimentero y las encinas. Los pájaros parecían entonar aquella mañana un canto diferente, y según observábamos las colinas y las distantes montañas azules, teníamos la sensación de perdernos en ellas. Uno no existía, ni tampoco los que estaban alrededor. Sólo existía aquella belleza, aquella inmensidad; sólo existía la tierra, extensa y amplia. Desde las montañas que se extendían a lo largo de muchos kilómetros, aquella mañana llegaba una paz que se fundía con la propia quietud. Era como si se unieran el cielo y la Tierra; aquel éxtasis era una bendición.

Al atardecer, cuando subíamos por el cañón y nos adentrábamos en los montes, la tierra roja bajo nuestros pies estaba húmeda, suave, blanda y llena de promesas. La empinada pendiente ascendía durante kilómetros y luego bajaba bruscamente. Al doblar el recodo, uno se topaba con ese silencio total, que se extendía sobre uno y, que al entrar en el profundo valle, se volvía más penetrante, más apremiante y más insistente. No había ningún pensamiento, sólo aquel silencio. Mientras bajábamos, ese silencio parecía cubrir la Tierra entera. No soplaba brisa alguna, y era sorprendente lo silenciosos que estaban los pájaros y los árboles, que con la oscuridad se replegaban en su soledad. Era extraño que durante el día nos saludaran y, ahora, con sus formas fantásticas, se mantuvieran distantes, cautelosos y retraídos. Pasaron tres cazadores llevando sus poderosos arcos y flechas, con unas linternas eléctricas atadas a la frente. Habían salido a matar aves nocturnas y se mostraban totalmente insensibles a la belleza y al silencio que les rodeaba. Sólo estaban interesados en matar, y parecía como si todo les estuviera observando, con horror y mucha pena.

Aquella mañana un grupo de jóvenes había venido a la casa. Eran más o menos treinta, y estudiaban en varias universidades. Habían crecido en aquel clima, y se les veía bien alimentados, fuertes, altos y entusiastas. Sólo uno o dos se sentaron en las sillas, el resto lo hicimos en el suelo, donde las muchachas a causa de sus minifaldas se sentían incómodas. Uno de los muchachos habló con labios temblorosos y la cabeza baja.

«Quisiera vivir una vida diferente. No me gusta sentirme prisionero del sexo, de las drogas y la competitividad despiadada. Quiero vivir fuera de este mundo y, sin embargo, estoy preso en él. Disfruto del sexo y al día siguiente me siento completamente deprimido. Mi deseo es vivir de forma pacífica y con amor en el corazón, pero estoy atormentado por mis propios instintos y la influencia de la sociedad en la que vivo. Me gusta disfrutar de esos instintos, pero me rebelo contra ellos. Quisiera vivir en la cima de la montaña, pero continuamente desciendo al valle, porque ahí está mi vida. De modo que no sé qué hacer; todo me aburre. Mis padres no pueden

ayudarme, ni tampoco los profesores con quienes a veces tra-
to de discutir estos asuntos. Ellos están tan confundidos e in-
felices como yo; de hecho, mucho más que yo, porque son
mayores.»

Lo importante es no llegar a conclusión o decisión alguna, a favor o en contra del sexo, ni estar atrapado en ideologías conceptuales. Vamos a mirar el panorama completo de
nuestra existencia. El monje hace votos de castidad, porque
cree que para ganar el cielo debe evitar el contacto con una
mujer, pero el resto de su vida está luchando contra sus propios instintos físicos; por tanto, está en conflicto con el cielo
y con la Tierra, y vive en una constante oscuridad buscando
la luz. Cada uno de nosotros estamos presos en esta batalla
ideológica; al igual que el monje, nuestros deseos nos con-
sumen y tratamos de reprimirlos a cambio de la promesa del
cielo. Tenemos un cuerpo físico con sus propias exigencias,
que son estimuladas y respaldadas por la sociedad en la que
vivimos, a través de la propaganda, de las imágenes de muchachas medio desnudas, del énfasis que se pone en el entretenimiento, en la diversión, en la moralidad establecida y
en la moralidad del orden social, que es desorden e inmora-
lidad; de modo que se nos estimula físicamente –más y mejores alimentos, bebidas, televisión–. La vida moderna concentra todo su interés en el sexo; a diario, nuestra sociedad
totalmente licenciosa nos bombardea con todo tipo de estí-
mulos sexuales a través de los libros, de las charlas, etcétera. Esa es la realidad que tenemos y de nada sirve cerrar los
ojos. Debemos enfrentarnos a toda esta manera de vivir, con
sus creencias, sus divisiones, y enfrentarnos a la absoluta insensatez de una vida malgastada en una oficina o en una fac-
toría. Y al final de todo eso está la muerte. Es necesario que
vea realmente toda esta confusión con mucha claridad.

Mire ahora por la ventana y observe esas maravillosas

montañas recién lavadas por la lluvia de anoche, y esa extraordinaria luz de California que no existe en ningún otro lugar; vea la belleza de la luz sobre aquellas colinas; aspire el aire puro y la renovación de la tierra. Cuanto más atento esté, más sensible será a toda esta inmensa e increíble luz y belleza, se sentirá más en contacto con todo eso, y mayor será su percepción. Eso también forma parte de la sensualidad, igual que mirar a una muchacha; no tiene lógica reaccionar con sus sentidos a la belleza de esa montaña y después reprimirlos cuando ve a una chica, porque así es como fragmentará su vida, y en esa división hay conflicto y dolor. Cuando separa la cima de la montaña del valle, está en conflicto. Lo cual no quiere decir que deba evitar el conflicto o escapar de él, entregándose al sexo o a cualquier otra apetencia que le desconecte del conflicto. Comprender el conflicto no significa vegetar o deambular apaciblemente como una vaca.

Comprender todo esto significa no quedar atrapado ni depender de ello; significa nunca negar nada, nunca llegar a ninguna conclusión, ni tener ninguna ideología, decisión o principio alguno, de acuerdo con el cual intentar vivir. La percepción misma de todo este mapa que hemos venido desplegando, es inteligencia; esta inteligencia es la que debe actuar y no una conclusión, una decisión o un principio ideológico.

Nuestros cuerpos se han insensibilizado, al igual que lo han hecho nuestras mentes y nuestros corazones, a causa de la educación que hemos recibido, de nuestra aceptación del patrón que la sociedad ha establecido, el cual niega la sensibilidad del corazón. Nos envían a la guerra, destruyendo toda nuestra belleza, ternura y alegría. Darse cuenta de verdad de todo esto, no de manera verbal o intelectual, sensibiliza enormemente nuestro cuerpo y nuestra mente. Entonces el cuerpo pedirá el alimento adecuado; entonces la mente no será prisionera de las palabras, de los símbolos y de las trivialidades del pensamiento. En ese momento sabrá vivir tanto en el valle como en la cima de la montaña, en ese momento no habrá división ni contradicción entre lo uno y lo otro.

EUROPA

CAPÍTULO 21

La meditación es un movimiento en atención. La atención no es un logro, porque no es personal. El elemento personal sólo surge cuando está el observador como centro desde el cual se concentra o domina; por eso todo logro es fragmentario y limitado. La atención no tiene límites, ni fronteras que cruzar; la atención es claridad, está libre de todo pensamiento. El pensamiento, debido a que tiene sus raíces en el pasado muerto, nunca puede traer claridad; por tanto, el pensar es una acción en la oscuridad. Darse cuenta de esto es estar atento; pero el darse cuenta no es ningún método que conduce a la atención, porque entonces esa atención estaría dentro del campo del pensamiento y uno podría controlarla o modificarla; darse cuenta de esa falta de atención es atención. La meditación no es un proceso intelectual, porque entonces seguiría estando dentro del área del pensamiento. La meditación es estar libre del pensamiento y es un movimiento en el éxtasis de la verdad.

Esta mañana estaba nevando; soplaba un viento glacial y el movimiento de los árboles era un grito clamando por la primavera. Envueltos en aquella luz, los troncos de la gran haya y del olmo tenían esa peculiar tonalidad gris verdosa que uno encuentra en los viejos bosques donde la tierra es blanda y está cubierta con las hojas del otoño. Caminando entre los árboles, uno sentía el contacto del bosque; no de cada árbol por separado con su propia forma y tamaño, sino de la cualidad completa de todos los árboles.

De pronto salió el Sol y el amplio firmamento azul se extendía hacia el Este, mientras que al Oeste se veía un oscuro cielo de nubes pesadas. En aquel momento de resplandeciente luz solar, llegó la primavera. En la serena quietud de un día primaveral se palpaba la belleza de la Tierra, y el sentido de unidad que tenía con todo lo que vivía sobre ella. No había separación entre uno y el árbol, entre uno y los variados y prodigiosos matices de la luz centelleante que se proyectaba sobre el acebo. Uno, el observador, había cesado y, por tanto, la división entre espacio y tiempo desapareció.

Dijo que era un hombre religioso, que sentía la religión; sin ser adepto de ninguna organización o creencia particular. Por supuesto, había pasado por el fastidio de hablar con todos los líderes religiosos y se había alejado de ellos inmediatamente, aunque sin caer en el cinismo; sin embargo, no había encontrado la felicidad que buscaba. Siendo profesor en la universidad, abandonó ese cargo para llevar una vida de meditación e investigación.

«La cuestión es –comentó– que constantemente me doy cuenta de la fragmentación de la vida; yo mismo soy un fragmento de la vida, una vida imperfecta, inestable, siempre luchando para ser un todo, para ser parte integral del universo. He tratado de encontrar mi propia identidad, pero la sociedad moderna destruye cualquier identidad. Me pregunto si toda esa división tiene una salida que conduzca hacia algo indivisible, que no esté fragmentado.»

Hemos dividido la vida en la familia y la comunidad, en la familia y la nación, en la familia y la oficina, en la política y la vida religiosa, en la paz y la guerra, en el orden y el desorden, en una interminable división de opuestos. Basándonos en todo eso tratamos de armonizar la mente y el corazón, tratamos de mantener el equilibrio entre el amor y la envidia. Conocemos muy bien todo esta división y, por eso, intentamos encontrar cierta armonía.

¿Cuál es la causa de esta división? Es obvio que la división existe –entre el hombre blanco y el de color, entre la mujer y el hombre, etcétera–, pero ¿cuál es la fuente, la esencia de esta fragmentación? A menos que lo descubramos, la fragmentación será inevitable. Así pues, ¿cuál cree que es la raíz de esta dualidad?

«Puedo exponer muchas causas de esta aparente división interminable y las numerosas formas con las que uno trata de construir un puente entre los opuestos. Intelectualmente puedo describir las razones de esta división, porque es un juego que a menudo he jugado, conmigo mismo y con otros, pero eso no conduciría a nada. Lo he intentado por medio de la meditación, del ejercicio de la voluntad, de sentirme unido con las cosas, de ser uno con todo, no obstante el intento ha resultado inútil.»

Es evidente que el simple hecho de descubrir la causa de la división no necesariamente la elimina; uno puede conocer la causa del miedo y, sin embargo, seguir viviendo atemorizado. Si lo único que cuenta es la agudeza de pensamiento, entonces el inquirir se vuelve intelectual y pierde su inmediatez de acción. Sin duda, la fragmentación del "yo" y el "no-yo" es la causa fundamental de esta división, aunque el "yo" trate de identificarse a sí mismo con el "no-yo", que puede ser la esposa, la familia, la comunidad, o la idea de Dios creada por el pensamiento. El "yo" se esfuerza constantemente por encontrar una identidad, pero aquello con lo que se identifica no deja de ser un concepto, un recuerdo, una estructura del mismo pensamiento.

¿Existe realmente la dualidad? Es indudable que existe

una dualidad en las cosas objetivas –entre luz y sombra–, pero ¿existe la dualidad en lo psicológico? Aceptamos la dualidad psicológica como aceptamos la objetiva; forma parte de nuestro condicionamiento y nunca lo cuestionamos; pero en lo psicológico, ¿existe tal división? Sólo existe *lo que es*, no *lo que debería ser*. *Lo que debería ser* es una división que el pensamiento ha establecido para evitar o trascender la realidad de *lo que es*; de ahí surge la lucha entre lo verdadero y la abstracción. La abstracción es lo imaginativo, lo romántico, el ideal. Lo real es *lo que es*, y todo lo demás es irreal. Lo que genera la fragmentación es lo irreal, no lo real. Cuando el dolor es real, el "no-dolor" es simplemente el placer del pensamiento, que crea una división entre el dolor y un estado de no-dolor. El pensamiento siempre divide, divide el tiempo, el espacio, entre el observador y lo observado. Sólo existe *lo que es*; y cuando se ve *lo que es*, es decir, sin que el pensamiento intervenga como observador, entonces deja de haber fragmentación.

El pensamiento no es amor; pero el pensamiento, que es placer, retiene el amor y, de ese modo, siembra la semilla del dolor en ese recinto cerrado. Cuando uno descubre y niega *lo que no es*, entonces queda *lo que es*. Al negar lo que no es amor, entonces surge el amor; y con el amor, la separación entre el "yo" y el "no-yo" desaparece.

CAPÍTULO 22

La inocencia y el espacio son el florecer de la meditación; para que haya inocencia tiene que haber espacio; y la inocencia no es inmadurez. Puede que físicamente uno sea una persona madura, pero el espacio inmenso que viene con el amor, no es posible si la mente no está libre de las innumerables secuelas de la experiencia. Las cicatrices de la experiencia son las que impiden que uno sea inocente; el liberar a la mente de la presión constante de la experiencia es meditación.

Justo en el instante de ponerse el Sol, vino una extraña quietud, y una sensación de que todo lo perteneciente a uno terminaba, aunque los autobuses, los taxis y el ruido continuaban. Este sentido de distanciamiento parecía penetrar el universo entero. También usted debe haber experimentado esto alguna vez. Casi siempre llega inesperadamente; es una extraña quietud y paz que parecen derramarse desde los cielos y cubrir la Tierra. Era una bendición y hacía que la belleza del atardecer fuera infinita. La carretera reluciente tras la lluvia, los automóviles esperando y el parque vacío parecían formar parte de ella; y la risa de la pareja que pasaba cerca en ningún momento perturbaba la paz del atardecer.

Las siluetas de los árboles con sus delicadas ramas desnudas se recortaban en el cielo, en espera de la primavera que ya estaba a la vuelta de la esquina, a la espera de reunirse con ellos. El césped tenía un nuevo verdor y los árboles frutales estaban en flor. La campiña iba lentamente rejuveneciendo de nuevo, y desde la cima del monte se divisaba la ciudad con innumerables cúpulas, entre las que destacaba una, más alta y arrogante que las demás. Se podían ver las copas aplanadas de los pinos y la luz crepuscular caía sobre las nubes. Todo el horizonte estaba lleno de esas nubes, que en hileras y acumuladas frente a las colinas formaban fantásticas figuras, semejantes a castillos que el hombre nunca podría construir. Había profundos abismos y picos elevados. Todas aquellas nubes estaban iluminadas por un resplandor rojo oscuro y algunas de ellas parecían arder, no por la luz del Sol, sino de un fuego interno.

Las nubes no eran el espacio; estaban en el espacio que parecía extenderse hasta el infinito, de eternidad en eternidad.

Un mirlo cantaba en un arbusto cercano, y aquello era la bendición eterna.

Eran tres o cuatro hombres, que habían traído consigo a sus esposas, y nos sentamos todos en el suelo. Desde allí, las ventanas quedaban demasiado altas para poder ver el jardín o la pared opuesta. Todos eran profesionales. Uno dijo que era científico, otro, matemático, y otro, ingeniero; eran especialistas, que no habían traspasado los linderos de su área de trabajo concreta, a diferencia de lo que hace el río después de intensas lluvias, que con ese desbordamiento enriquece el suelo.

El ingeniero empezó diciendo: «Con frecuencia habla acerca del espacio y todos estamos interesados en saber a qué se refiere. El puente cubre el espacio que hay entre dos riberas o entre dos colinas; una represa llena de agua forma un espacio; hay espacio entre nosotros y el universo en expansión; hay espacio entre usted y yo. ¿Es esto lo que quiere decir?».

Los otros apoyaron lo expresado; debieron de haberlo hablado antes de venir aquí. Uno de ellos dijo: «Yo lo podría expresar de manera distinta, en términos más científicos, pero vendría a ser poco más o menos lo mismo».

Hay el espacio que divide y limita, y el espacio sin límites. El espacio que hay entre hombre y hombre, en el cual germina el mal, es el espacio limitado de la división; hay división entre lo que uno es y la imagen que tiene de sí mismo; hay división entre uno y la esposa; hay división entre lo que uno es y el ideal de lo que le gustaría ser; hay división entre colina y colina. Y, luego, existe la belleza del espacio que no tiene límites de tiempo ni de extensión.

¿Existe realmente espacio entre un pensamiento y otro, entre un recuerdo y otro, entre una acción y otra? ¿O no hay espacio alguno entre pensamiento y pensamiento, entre razonamiento y razonamiento, entre la salud y la enfermedad, convirtiéndose la causa en efecto y el efecto en la causa?

Si hubiera una separación entre pensamiento y pensamiento, entonces el pensamiento sería siempre nuevo; pero como no hay separación, como no hay espacio, todo pensamiento es viejo. Puede que uno no sea consciente de la continuidad de un pensamiento; puede que lo retome una semana después de haberlo dejado atrás; pero ese pensamiento nunca ha dejado de actuar, ha estado funcionando dentro de los viejos límites.

Lo cual significa que la totalidad de la conciencia, el consciente y el inconsciente –palabras que desgraciadamente hemos de usar–, está dentro del espacio estrecho y limitado de la tradición, de la cultura, de la costumbre y los recuerdos. La tecnología puede llevarle a la Luna, puede construir un puente arqueado sobre un abismo, o instaurar cierto orden dentro del espacio limitado de la sociedad, pero nuevamente esto volverá a engendrar desorden.

El espacio existe no sólo más allá de las cuatro paredes de esta habitación, sino que también existe el espacio interior de la habitación. Existe el espacio cerrado, la esfera que el observador crea en torno a sí y a través de la cual ve lo observado, que a su vez crea otra esfera a su alrededor. Cuando al atardecer el observador mira las estrellas, su espacio es limitado. Quizá sea capaz de ver, por medio de un telescopio, muchos miles de años luz; pero el observador es quien crea ese espacio y, por tanto, es un espacio finito. La distancia entre el observador y lo observado es espacio, y la distancia es el tiempo que se requiere para cubrir ese espacio.

No solamente hay espacio físico, sino que hay también una dimensión psicológica en la que el pensamiento se disfraza de ayer, de hoy y de mañana. Mientras haya un observador, habrá el espacio limitado del patio de la prisión donde no hay ninguna libertad.

«Pero nos gustaría preguntar si está tratando de expresar la idea de un espacio sin observador, lo cual parece totalmente imposible, o podría ser una fantasía suya.»

La libertad, señor, no está dentro de la prisión, por más confortable y bien decorada que esté. No es posible sostener un diálogo libre dentro de los límites de la memoria, del conocimiento y la experiencia. La libertad pide que rompa las paredes de la prisión, por muy cómodo y satisfecho que se sienta dentro del espacio limitado del desorden, de la esclavitud y de los afanes que implica vivir dentro de esos límites.

La libertad no es relativa; o hay libertad o no la hay; si no la hay, entonces uno tiene que aceptar esta vida estrecha y limitada, con sus conflictos, sus aflicciones y su sufrimiento, introduciendo simplemente pequeños cambios aquí y allá.

La libertad es espacio infinito. Cuando no hay espacio hay violencia; como sucede con el ave de presa y el pájaro que reclama su espacio, su territorio, por el cual lucha. Esa violencia puede ser relativa según la ley y el policía, de la misma manera que el espacio limitado por el cual luchan las aves de presa y el resto de pájaros, desata una violencia limitada. Por eso, mientras el espacio entre el hombre y el hombre sea limitado, la agresión tiene que existir.

«¿Está tratando de decirnos, señor, que el hombre estará siempre en conflicto consigo mismo y con el mundo mientras viva dentro de la esfera de su propia creación?»

Exactamente, señor. Así pues, llegamos al tema importante de la libertad. Dentro de la estrecha cultura de la sociedad no hay libertad, y por ese motivo hay desorden. Como el hombre vive en este desorden, busca la libertad en ideologías, en teorías, en lo que él llama "dios". Pero ese escape no es libertad, una vez más es el patio de la prisión que separa al hombre del hombre. La cuestión es si habiéndose impuesto a sí mismo este condicionamiento, el pensamiento puede romper esta estructura, ponerle fin e ir más allá y por encima de ella. Es obvio que no puede, y ése es el primer factor que debemos comprender. No es posible que el intelecto construya un puente entre sí mismo y la libertad. El pensamiento, que es la respuesta de la memoria, de la experiencia y del conocimiento, es siempre viejo, como lo es el intelecto; y lo viejo no puede construir un puente que conduzca a lo nuevo. El pensamiento es esencialmente el observador con sus prejuicios, temores, ansiedades, y es obvio que este pensamiento, esta imagen, a causa de su aislamiento, construye una esfera a su alrededor, lo cual crea una distancia entre el observador y lo observado. Entonces el observador trata de establecer una relación y a la vez mantener esta distancia, con lo cual desata el conflicto y la violencia.

No hay ninguna fantasía en todo esto. La imaginación, cualquiera que sea su forma, destruye la libertad. La libertad está más allá del pensamiento; la libertad es el espacio infinito, que el observador no puede crear. Encontrar esa libertad es meditación.

No hay espacio sin silencio; y el silencio no es algo que el tiempo en forma de pensamiento pueda crear. El tiempo nunca traerá libertad; el orden sólo es posible cuando el corazón no es prisionero de las palabras.

CAPÍTULO 23

Una mente meditativa está en silencio, pero no es el silencio que el pensamiento concibe; no es el silencio de una tarde tranquila; es el silencio que sobreviene cuando el pensamiento, con todas sus imágenes, sus palabras y percepciones, ha cesado por completo. Esta mente meditativa es la mente religiosa, que nada tiene que ver con iglesias, templos o salmos.

La mente religiosa es la explosión del amor, y este amor no conoce la división. Para él, lo lejano está cerca, no es el uno o los muchos, sino un estado de amor en el que cesa toda división; al igual que la belleza, no cabe en palabras. Desde este silencio, y sólo desde él, la mente meditativa actúa.

Había llovido el día anterior y al atardecer el cielo seguía cargado de nubes. Ahora, a lo lejos, los montes cubiertos de nubes luminosas iban variando sus formas, mientras las observábamos con inmenso deleite.

El Sol poniente, con su luz dorada, sólo tocaba una o dos masas de nubes, pero esas nubes parecían tan sólidas como el negro ciprés. A medida que las mirábamos, venía a uno de forma natural el silencio. El vasto espacio y el árbol solitario en la colina, la cúpula distante y el parloteo a nuestro alrededor formaban parte de este silencio. Sabíamos que la mañana siguiente sería hermosa porque la puesta de Sol era roja. La mañana era preciosa y no había una sola nube en el intenso azul del cielo. Las flores amarillas, la blanca floración del

árbol que destacaba sobre el oscuro seto de cipreses y el olor
a primavera llenaban la tierra. El rocío cubría la hierba y lentamente la primavera iba emergiendo de la oscuridad.

Según comentó, acababa de perder a su hijo, quien tenía un
empleo muy bueno y en poco tiempo hubiera llegado a ser uno
de los directores influyentes de una importante compañía. Dijo
que se hallaba aún bajo el efecto de esta pérdida, aunque tenía
un gran dominio de sí mismo. No era de esos que siempre se
lamentan, ni derramaba lágrimas fácilmente. A lo largo de toda
su vida había trabajado con tesón en tecnología práctica. No
era un hombre imaginativo y los problemas complejos, sutiles
y psicológicos, apenas habían influido en su vida.

La reciente muerte de su hijo había sido un golpe difícil
de asimilar; su esposa y sus hijos sufrían terriblemente. Así
que dijo: «Es un triste suceso. ¿Cómo puedo explicarles el fin
del sufrimiento, sobre el cual usted habla? Yo tengo estudios
y tal vez sea capaz de comprenderlo, pero ¿qué hay de todos
los que viven sumidos en este dolor?».

El sufrimiento está en todos los hogares, a la vuelta de cada
esquina. Todos los seres humanos sufren este pesar agobian-
te, causado por tantos incidentes y accidentes. El sufrimiento parece una ola interminable que arrasa al ser humano, casi
ahogándolo; y el dolor que despierta ese sufrimiento engendra
amargura y cinismo.

El sufrimiento que siente, ¿es por su hijo, es por usted
mismo, o es porque se ha roto la continuidad que tenía puesta
en su hijo? ¿Es el dolor de la lástima de sí mismo, o hay dolor porque él prometía tanto en el aspecto social?

Si siente lástima de sí mismo, entonces este interés propio, ese factor aislador, pese a tener la apariencia externa de
relación, inevitablemente causará desdicha. Este factor aislador, esta actividad egocéntrica en la vida cotidiana, esta am-

bición, esta preocupación motivada por la importancia que uno se concede a sí mismo, esta separación cotidiana –tanto si uno se da cuenta de ello como si no–, forzosamente generará un sentimiento de soledad, del cual tratamos de escapar de diferentes maneras. La propia lástima es el dolor de sentirse solo, y a este dolor se le llama sufrimiento.

Además, existe también el sufrimiento motivado por la ignorancia, no la ignorancia por falta de libros o de conocimiento técnico, ni por falta de experiencia, sino la ignorancia al aceptar el tiempo, la evolución, el progreso de *lo que es* hasta convertirlo en *lo que debería ser*, la ignorancia que nos obliga a aceptar la autoridad con toda su violencia, la ignorancia del conformismo con sus peligros y aflicciones, la ignorancia de no conocer la estructura completa de uno mismo. Éste es el sufrimiento que el ser humano ha propagado dondequiera que haya ido.

Por tanto, debemos tener muy claro que es eso a lo que llamamos sufrimiento –el sufrimiento que es aflicción, la pérdida de lo que se consideraba bueno, el sufrimiento que nace de la inseguridad y de nuestra exigencia constante de seguridad–. ¿En cuál de ellos está preso? A menos que esto quede claro, no es posible terminar con el sufrimiento.

No me refiero a la claridad de una explicación verbal o del resultado de un hábil análisis intelectual. Debe darse cuenta de su sufrimiento, con la misma claridad que se da cuenta, sensorialmente, de esa flor cuando la toca.

Sin comprender la estructura completa del sufrimiento, ¿cómo es posible dejar de sufrir? Podemos escapar de él, yendo al templo o a la iglesia, dándonos a la bebida, pero todos los escapes ya sean hacia dios o hacia el sexo, son lo mismo, porque no resuelven el sufrimiento.

Así pues, despliegue el mapa del sufrimiento y rastree todos los senderos y caminos. Si permite que el tiempo se apodere de este mapa, entonces el tiempo fortalecerá la amargura del sufrimiento; por eso tiene que ver todo el mapa de una sola ojeada; ver primero la totalidad y luego los detalles, no los detalles primero y después la totalidad. Para que el sufrimiento cese, tiene que terminar el tiempo.

El pensamiento no puede poner fin al dolor. Cuando el tiempo se detiene, el pensamiento, en forma de tiempo, desaparece. El pensamiento y el tiempo son los que dividen y separan, y el amor no es ni pensamiento ni tiempo.

Observe el mapa del sufrimiento sin los ojos de la memoria. Escuche bien su murmullo, sea uno con él, porque uno es tanto el observador como lo observado. Entonces el sufrimiento termina; no hay otro camino.

CAPÍTULO 24

Meditar no es rezar. La oración y la súplica nacen de la lástima de uno mismo. Uno reza cuando tiene problemas, cuando sufre; pero cuando hay felicidad o alegría dejamos de suplicar. Esta lástima de uno mismo, tan arraigada en el ser humano, es la causa de la separación. Aquello que se separa o que se considera a sí mismo separado, siempre busca identificarse con algo que no esté separado, y lo único que hace es generar más división y sufrimiento. Como consecuencia de esta confusión uno suplica al cielo, al esposo, o bien a alguna deidad de la mente. Esta suplica puede traer una respuesta, pero esa respuesta es el eco de la lástima que uno se tiene a sí mismo, a causa de su propia separación.

La repetición de palabras y plegarias tiene un efecto autohipnótico, aislador y destructivo. El efecto aislador del pensamiento está siempre dentro del campo de lo conocido y la respuesta de la oración es también la respuesta de lo conocido.

La meditación está muy lejos de todo esto, porque en ese lugar, el pensamiento no puede entrar, en ese lugar no hay separación y, por tanto, tampoco hay identidad. La cualidad de la meditación es la transparencia, el secretismo no tiene cabida en ella. Todo está al descubierto, con claridad; entonces, aflora la belleza del amor.

Era una mañana de comienzos de primavera, con unas pocas nubes dispersas que se desplazaban suavemente desde el

Oeste a través del cielo azul. Un gallo empezó a cantar y resultaba extraño escucharlo en una ciudad tan densamente poblada; había empezado con el alba y durante casi dos horas siguió anunciando la llegada del día. Los árboles estaban aún sin hojas, pero ya despuntaban finos y delicados brotes, que se recortaban en el cielo claro de la mañana.

Si uno permanecía en completo silencio, sin que un solo pensamiento cruzara la mente, podía escuchar los graves tañidos de una campana de alguna catedral. Venían de muy lejos y en los breves periodos intermitentes de silencio que se abrían durante el canto del gallo, uno percibía cómo las ondas de ese sonido se acercaban y alejaban más allá de uno; casi se podía cabalgar sobre ellas, alejándose y desapareciendo en las inmensidades. El canto del gallo y el grave sonido de la campanada distante producían un extraño efecto, mientras tanto los ruidos de la ciudad no habían empezado todavía. Nada interrumpía aquel sonido tan claro; uno lo escuchaba con el corazón, no con los oídos, no con el pensamiento que reconoce "la campana" y "el gallo"; era puro sonido. Emanaba del silencio, y el corazón lo tomaba y seguía con él de eternidad en eternidad. No era un sonido organizado como la música; no era el sonido del silencio que se abre entre dos notas; no era el sonido que se percibe cuando se deja de hablar. Todos esos sonidos se escuchan con la mente o con el oído. Pero cuando escuchamos con el corazón, el mundo se llena de ese sonido, y los ojos ven con claridad.

Era una mujer joven, bien vestida, llevaba el cabello corto, muy eficiente y con una buena formación. A juzgar por lo que decía, no se engañaba acerca de sí misma; tenía hijos y parecía ser bastante seria. Quizás era algo romántica y un poco infantil, pero para ella Oriente había perdido su aura de misticismo y se alegraba de que así fuera; hablaba con sencillez y sin titubeos.

«Creo que me suicidé hace mucho tiempo atrás, cuando ocurrió cierto suceso en mi vida; con aquel suceso todo terminó. Por supuesto, he continuado mis actividades de cara al exterior, con los niños y todo lo demás, pero he dejado de vivir.»

¿No cree que la mayoría de la gente, sabiéndolo o no, se está suicidando a cada momento? El resultado final del suicidio es saltar por la ventana, pero seguramente empieza cuando surge la primera resistencia y frustración. Construimos una pared alrededor de nosotros y detrás de ella encauzamos nuestras vidas separadas, aunque tengamos esposo, esposa e hijos. Vivir con la separación es vivir con el suicidio, y ésa es la moralidad aceptada por la religión y la sociedad. Los actos que llevan a separarse se encadenan interminablemente unos con otros, y conducen a la guerra y a la propia destrucción.

La división es suicidio, ya sea del individuo, de la comunidad o de la nación. Cada cual quiere vivir una vida de autoidentificación, una vida de actividad egocéntrica, de aislarse con el sufrimiento de la conformidad. Suicidarse es dejarse llevar de la mano por la creencia y el dogma. Antes de ese suceso, seguramente dedicó su vida y todas sus actividades a la lucha de uno contra los muchos, y cuando el uno muere o su dios es destruido, su vida se va con él y, entonces, nada vale la pena, no tiene sentido vivir. Si uno es lo suficientemente hábil, inventa algún significado para la vida –como los expertos hacen siempre–, pero el comprometerse con ese significado es suicidarse. Todo compromiso es autodestructivo, ya sea en nombre de dios, en nombre del socialismo o de cualquier otra cosa.

Si me permite decirlo, señora –y no intento ser cruel–, dejó de vivir porque no logró lo que quería, o porque lo perdió, o bien porque deseaba cruzar una puerta en especial, concreta, que estaba herméticamente cerrada. De la misma manera que el dolor y el placer son factores de aislamiento, la aceptación y las demandas llevan en sí la oscuridad de la separación. Nosotros no vivimos, nos suicidamos constantemente. El vivir empieza cuando cesa el acto de suicidio.

«Comprendo lo que dice y veo lo que he hecho. Pero ahora, ¿qué debo hacer? ¿Es posible regresar después de tantos años de estar muerta?»

No puede regresar; si regresara, seguiría el viejo patrón, y el sufrimiento la perseguiría como nube arrastrada por el viento. Lo único que puede hacer es darse cuenta de que llevar una vida de aislamiento, una vida encerrada, exigiendo la continuidad del placer, es invitar a la muerte para que separe. En la separación no hay amor, y el amor no tiene identidad. El placer y la búsqueda de placer construyen el muro que aísla y separa. Cuando termina todo compromiso, no existe tal cosa como la muerte. Conocerse a sí mismo es la puerta abierta.

CAPÍTULO 25

La meditación es el cese de la palabra. Dado que la palabra es pensamiento, no puede inducir al silencio. La acción que surge del silencio es enteramente distinta de la acción nacida de la palabra; la meditación es la liberación de la mente de todos los símbolos, imágenes y recuerdos.

Los esbeltos álamos, con sus hojas nuevas, jugaban en la brisa aquella mañana de primavera, y los almendros, cerezos y manzanos cubrían los montes de floración. Toda la tierra estaba tremendamente activa. Los cipreses se destacaban majestuosos y solitarios, mientras los árboles en flor se tocaban uno a otro, y la hilera de álamos proyectaba sombras oscilantes. Al lado de la carretera corría el agua que terminaría finalmente convirtiéndose en el viejo río.

Se sentía un perfume en el aire y cada colina era distinta a las demás. En algunas de ellas se veían casas rodeadas de olivos e hileras de cipreses que conducían hasta las respectivas casas. La carretera serpenteaba a través de estas suaves colinas.

Era una mañana radiante, llena de intensa belleza y, por alguna razón, el potente automóvil no desentonaba. Aparentemente reinaba un orden extraordinario, pero, sin duda, dentro de cada una de las casas imperaba el desorden: el hombre conspirando contra el hombre, los niños riendo o llorando; la cadena completa de la desdicha se extendía invisible de casa en casa. La primavera, el otoño y el invierno jamás rompían esta cadena.

Pero aquella mañana había un renacer; las tiernas hojas no sabían del invierno ni el otoño por llegar; eran vulnerables y, por tanto, inocentes.

Desde la ventana se divisaba la vieja cúpula de la catedral de mármol veteado y el campanario de variados colores; y dentro se hallaban los oscuros símbolos del sufrimiento y la esperanza. Era en realidad una mañana hermosa, pero, curiosamente, había pocos pájaros, porque la gente de aquel lugar los mataba por deporte, y su canto era casi imperceptible.

Era un artista, un pintor. Dijo que tenía un don natural para la pintura, como otros quizá lo tienen para construir puentes. Llevaba el pelo largo, sus manos eran delicadas y estaba encerrado en el ensueño de sus propias dotes. Salía de su rincón interior –para hablar y comentar– y luego regresaba a su refugio. Según decía, sus cuadros se vendían bien y había hecho varias exposiciones unipersonales. Se sentía orgulloso de ello, como delataba su tono de voz.

Está el ejército encerrado en las paredes de su interés propio; el hombre de negocios encerrado en su jaula de cristal y acero; está el ama de casa entreteniéndose con las pequeñeces domésticas en espera del esposo o de sus hijos; está el vigilante del museo y el director de orquesta, cada uno, viviendo dentro de un fragmento de la vida. Cada fragmento que se vuelve extraordinariamente importante, sin relación y en contradicción con otros fragmentos, cada uno en particular con sus propios honores, su propia dignidad social y sus propios ídolos. El fragmento religioso está desvinculado de la fábrica, y la fábrica del artista; el general no mantiene relación con sus soldados, así como tampoco el sacerdote con el seglar.

La sociedad está hecha de estos fragmentos, y el iluso humanista y el reformador intentan recomponer los pedazos rotos.

Pero, a causa de estas partes fragmentadas, divididas, cada una con su especialización, el ser humano carga con sus propias ansiedades, culpas y prejuicios. Ellas son las que nos mantienen relacionados y no nuestras áreas de especialización.

Estamos relacionados con el odio, el egoísmo y la agresividad común, y esa violencia establece la cultura y la sociedad en la que vivimos. La división que hemos establecido entre la mente y el corazón es la que nos separa; vivimos divididos entre dios y el odio, entre el amor y la violencia, y en esa dualidad toda la cultura del hombre se desarrolla y decae.

La unidad del ser humano no reside en ninguna de las estructuras que ha inventado la mente. La cooperación no está en la complejidad del intelecto. Entre el amor y el odio no puede haber unidad y, sin embargo, eso es lo que la mente trata de lograr y establecer. La unidad se encuentra fuera de este campo y el pensamiento no puede alcanzarla.

El pensamiento ha elaborado esta cultura de agresividad, de competitividad y guerra y, no obstante, ese mismo pensamiento es el que trata de encontrar el orden y la paz. Pero, haga lo que haga, el pensamiento no puede alcanzar el orden y la paz. Para que haya amor, el pensamiento debe estar en silencio.

CAPÍTULO 26

La meditación es el estado en que la mente se libera de lo conocido. La plegaria se mueve de lo conocido a lo conocido; puede que produzca resultados, pero seguirán formando parte del campo de lo conocido, y lo conocido es el conflicto, la desdicha y la confusión. La meditación es la renuncia completa a todo lo que la mente ha acumulado. El observador es lo conocido y el observador únicamente ve a través de lo conocido. La imagen es el pasado, y la meditación es el cese del pasado.

Era una habitación bastante grande con vistas a un jardín rodeado de un seto de cipreses, y más allá se destacaba un monasterio con tejado de color rojo. Al alba, antes de que saliera el Sol, había una luz en el monasterio y se podía distinguir a los monjes moviéndose de un lado a otro. Era una mañana muy fría; el viento soplaba del Norte, y el alto eucalipto que sobresalía por encima de todos los demás árboles y de las casas, se inclinaba resistiendo las ráfagas de aire. Prefería las brisas que venían del mar, porque no eran demasiado violentas, y entonces se deleitaba en el suave movimiento de su propia belleza. Estaba allí al amanecer y durante la puesta del Sol, captando la luz crepuscular, y de algún modo transmitía la realidad presente de la naturaleza: les daba seguridad a todos los árboles, a los arbustos y a las pequeñas plantas.

Debía de ser un árbol muy viejo, pero el ser humano nunca lo miraba; si fuese necesario, posiblemente lo talaría para construir en aquel lugar una casa, y nunca sentiría su pérdida, porque en este país no se respeta a los árboles, y la naturaleza tiene poca importancia, salvo, quizás, como ornamento. Las espléndidas villas señoriales tenían en sus jardines árboles que resaltaban las elegantes estructuras de las casas; pero este eucalipto no era un ornamento de ninguna de ellas. Estaba de pie, solo, maravillosamente tranquilo y rebosante de un movimiento silencioso; y el monasterio con su jardín y patio interior verde estaban bajo su sombra. Se mantenía allí, año tras año, viviendo en su propia dignidad.

Había varias personas en la habitación; venían para continuar la conversación que habíamos iniciado pocos días antes. La mayoría eran jóvenes, algunos con el pelo largo, otros con barba, todos con pantalones muy ceñidos, las muchachas con faldas muy cortas, los labios pintados y el pelo recogido.

El diálogo empezó en tono superficial; no estaban muy seguros de sí mismos, ni hacia dónde les llevaría aquella conversación. «Por supuesto, no debemos seguir el orden establecido –dijo uno de ellos–, pero estamos atrapados en él. ¿Cuál debe ser nuestra relación con la vieja generación y sus actividades?»

La mera rebelión no es la respuesta, ¿verdad? La rebelión es una reacción, una respuesta que traerá consigo su propio condicionamiento. Cada generación está condicionada por la anterior y el rebelarse simplemente en su contra no libera a la mente de su condicionamiento. El obedecer, en cualquier forma, es también un modo de resistir, lo cual causa violencia. La violencia de los estudiantes, las revueltas en las ciudades, o la guerra, tanto si sucede en un lugar lejano o dentro de cada uno, en ninguna de sus formas traerá claridad.

«Pero ¿cómo debemos actuar dentro de la sociedad a la cual pertenecemos?»

Si actúa como reformador, lo único que hará será remendar una sociedad que está en constante proceso de degeneración, y sostener así un sistema que ha engendrado guerras, divisiones y separatismo. En realidad, el reformador es un peligro para la transformación fundamental del hombre. Uno debe ser un extraño, debe mantenerse al margen de todas las comunidades, de todas las religiones y de la moral de la sociedad, de lo contrario quedará atrapado en el mismo viejo patrón, quizá ligeramente modificado.

Uno solamente es un extraño cuando ha dejado de ser envidioso y vicioso, cuando ha dejado de rendir culto al éxito y al poder como móvil de sus actos. Psicológicamente, sólo es posible ser un extraño cuando uno se conoce a sí mismo y comprende que forma parte del medio, parte de la estructura social que uno mismo ha construido –entendiendo por "uno" los innumerables "unos" que han existido a lo largo de muchos siglos y de incontables generaciones que han producido el presente–. Si uno mismo se comprende como ser humano, entonces encontrará cuál es su relación con las generaciones pasadas.

«Pero ¿cómo puede uno liberarse del fuerte condicionamiento católico? ¡Está tan arraigado en nosotros, tan profundamente sepultado en el inconsciente!»

Ya sea uno católico, musulmán, hindú o comunista, la propaganda de cien, doscientos, o mil años, forma parte de la estructura verbal de imágenes que componen nuestra conciencia. Estamos condicionados por los alimentos que tomamos, por las presiones económicas, por la cultura y la sociedad en la que vivimos. Nosotros *somos* esa cultura, nosotros *somos* esa sociedad; el simple hecho de rebelarnos contra ella es rebelarnos contra nosotros mismos, y si se rebela contra sí mismo sin conocerse, su rebelión será totalmente inútil. Sin embargo, si se da cuenta de lo que realmente es, sin condenarse a sí mismo, de ese darse cuenta nacerá una acción por completo distinta de la acción de un reformador o de un revolucionario.

«Pero, señor, nuestro inconsciente es la herencia colectiva de la raza, y de acuerdo con los psicoanalistas, el inconsciente tiene que comprenderse.»

No sé por qué le damos tanta importancia al inconsciente; es igual de trivial y falso que el consciente, darle importancia solamente lo fortalece. Si uno ve su verdadero significado, el inconsciente se desprende y cae como una hoja en otoño. Pensamos que es importante mantener ciertas cosas y desechar otras. La guerra en sí misma produce ciertas mejoras superficiales pero, a la vez, es el mayor desastre para el ser humano. El intelecto en ninguna de sus formas resolverá nuestros problemas. El pensamiento ha tratado por todos los medios remediar y trascender nuestras agonías y ansiedades; el pensamiento ha creado la iglesia, al salvador, el *gurú*, ha inventado las nacionalidades, ha dividido a la gente de una nación en distintas comunidades y clases, manteniendo entre todas ellas la guerra. El pensamiento ha separado a los seres humanos y, después de traer inmensa tristeza y anarquía, decide inventar una estructura para unir a los pueblos. Haga lo que haga el pensamiento, inevitablemente engendra peligro y ansiedad. Considerarse uno mismo italiano, indio o americano es una insensatez, y ésa es la labor del pensamiento.

«Pero el amor es la respuesta a todo esto, ¿no es así?»

¡De nuevo ha perdido el punto! ¿Está libre de envidia, de ambición, o el "amor" al que se refiere es simplemente una palabra, a la cual el pensamiento le ha dado un significado? Si el pensamiento le ha dado un significado, entonces no es amor. La palabra "amor" no es amor; da igual lo que signifique para usted. El pensamiento es el pasado, la memoria, la experiencia, el conocimiento de donde procede la respuesta a todo reto; de modo que la respuesta es siempre inadecuada y, por tanto, hay conflicto, porque el pensamiento es siempre viejo, nunca puede ser nuevo. El arte moderno es la respuesta del pensamiento, del intelecto y, aunque pretenda ser nuevo, es tan viejo –aunque no tan hermoso– como las montañas. Para que surja lo nuevo hay que descartar completamente toda la estructura elaborada por el pensamiento, que se expresa como amor, como dios, como cultura, o como la ideología del Politburó. Lo nuevo no puede encajarse dentro del viejo patrón. Pero lo cierto, es que tenemos miedo de rechazar por completo el viejo patrón.

«Efectivamente, señor, tenemos miedo, porque si lo rechazamos, ¿qué nos queda? ¿Con qué vamos a sustituirlo?»

Esta pregunta es producto del pensamiento, que al ver el peligro tiene miedo y quiere estar seguro de que encontrará algo para sustituir lo viejo. De modo que de nuevo se encuentra preso en la red del pensamiento. Pero si realmente, no verbal o intelectualmente, rechazara toda la estructura edificada por el pensamiento, entonces podría quizá encontrar lo nuevo: una nueva manera de vivir, de ver y actuar. La negación es la acción más positiva; negar lo falso sin saber lo que es verdadero, negar la verdad aparente de lo falso, y negar lo falso como falso, es la acción inmediata de una mente que está libre del pensamiento. Ver esta flor con la imagen que el pensamiento ha creado de ella, es por completo distinto de verla sin esa imagen. La relación entre el observador y la flor se basa en la imagen que el observador ha creado de la flor, que es lo observado, por tanto hay una gran separación entre ambos.

Cuando no hay imagen, la distancia, el intervalo de tiempo, desaparece.

CAPÍTULO 27

La meditación es siempre nueva. No contiene el toque del pasado, porque no tiene continuidad. La palabra "nueva", no transmite la cualidad de un frescor que nunca antes ha sido. Es como la luz de una vela que se ha apagado y que se ha vuelto a encender. La nueva luz no es la antigua, aunque la vela sea la misma. La meditación sólo tiene continuidad cuando el pensamiento le da color, forma y una meta. La meta y el significado de la meditación que el pensamiento otorga, se vuelven la esclavitud dependiente del tiempo. Pero la meditación que no ha sido tocada por el pensamiento tiene su propio movimiento, que no es del tiempo. El tiempo implica lo viejo y lo nuevo como movimiento desde las raíces del ayer hasta el fluir del mañana. Pero la meditación es un florecimiento completamente diferente; no es el resultado de la experiencia del ayer y, por eso, no tiene raíces en el tiempo; la continuidad que tiene no es la del tiempo. La palabra "continuidad" en la meditación es engañosa, porque lo que fue, el ayer, no sucede hoy. La meditación de hoy es un nuevo despertar, un nuevo florecimiento de la belleza de la bondad.

El automóvil avanzaba lentamente a través del tráfico de la gran ciudad, con sus autobuses, camiones, automóviles, y todo el ruido que se concentraba en sus estrechas calles; había innumerables bloques de apartamentos, saturados de familias, e interminables hileras de tiendas; la ciudad se expandía hacia todos lados devorando los campos circundantes. Por fin llegamos a la zona rural, a las verdes campiñas, a los trigales, y a los grandes sembrados de mostaza en flor con su intenso amarillo dorado. El contraste entre el verde y el intenso amarillo era tan sorprendente como el contraste entre el ruido de la ciudad y la quietud del campo. Conducíamos por la carretera que seguía hacia el Norte, ascendiendo y bajando por un terreno accidentado, junto a bosques, arroyos y un hermoso cielo azul.

Era una mañana de primavera. El bosque estaba salpicado de zonas cubiertas de campanillas azules y justo al lado del bosque crecía la mostaza amarilla que se extendía casi hasta el horizonte, además de los verdes trigales que se alargaban hasta donde la vista podía alcanzar. La carretera cruzaba pueblos y aldeas, y un camino lateral conducía a un precioso bosquecillo con hojas primaverales, nuevas y tiernas, del que emanaba un olor a tierra mojada; reinaba esa peculiar sensación de la primavera y la renovación de la vida. Estábamos en profundo contacto con la naturaleza mientras observábamos esa parte de la tierra, los árboles, el delicado retoño, y el arroyo que descendía. No era un sentimiento romántico ni una sensación imaginada, sino que realmente éramos uno con todo aquello: con el cielo azul y con la tierra que se expandía sin límites.

La carretera conducía a una vieja casa con una avenida de enormes hayas repletas de tiernas hojas nuevas y, al mirar hacia arriba a través de ellas, se veía el cielo azul. Era una mañana hermosa, y el haya roja, pese a su gran altura, era todavía joven.

El hombre era grueso y corpulento, con manos muy grandes, y su cuerpo llenaba aquella silla enorme. Tenía un rostro bondadoso y estaba presto a reír. Es curioso ver lo poco que reímos. Nuestros corazones están oprimidos, se han vuelto insensibles a causa de la fatigosa tarea del vivir, la rutina, y la monotonía de la vida cotidiana. Estamos dispuestos a reírnos por un chiste o un dicho ingenioso, pero no hay risa en nosotros; la amargura que es el fruto maduro del hombre, ¡parece haberse vuelto tan común! Nunca nos paramos a ver correr el agua y reírnos con ella. Es triste observar cómo la luz de nuestros ojos va languideciendo más y más cada día, al igual que la opresión del dolor y la agonía colorean por completo nuestras vidas, con promesas de esperanza y placer que el pensamiento siembra y cultiva.

Estaba interesado en esa peculiar filosofía del origen y la aceptación del silencio; silencio que probablemente no había sentido jamás. No podemos comprar el silencio como podemos comprar un buen queso; no podemos cultivarlo como cultivaría una hermosa planta, porque el silencio no es resultado de ninguna actividad de la mente ni del corazón. El silencio que produce la música cuando uno la escucha, es un producto de la misma música, generado por ella. El silencio no es una experiencia; uno lo conoce sólo cuando la experiencia ha terminado.

Siéntese alguna vez a la orilla del río y mire hacia dentro del agua. No se deje hipnotizar por el movimiento del agua, por la luz, la claridad y la profundidad de la corriente, mírela sin ningún movimiento del pensar. El silencio está por todas partes, alrededor de uno, en uno, en el río, y en esos árboles que permanecen en completa calma. No puede llevárselo de regreso a casa, guardarlo en la mente o en las manos, y pensar que ha alcanzado un estado extraordinario. Si así lo cree, entonces no es silencio, simplemente es un recuerdo, una fantasía, una huida romántica del diario bullicio de la vida.

Todo existe gracias al silencio. La música que uno escuchó esta mañana, llegó desde el silencio, y uno la escuchó porque su mente era una mente silenciosa; y, en ese silencio, la música fue más allá de uno mismo.

Pero no escuchamos el silencio porque nuestros oídos están llenos del parloteo de la mente. Cuando uno ama y no hay silencio, el pensamiento hace del amor un juguete de la sociedad, cuya cultura es la envidia, cuyos dioses son obra de la mano y de la mente humana. El silencio existe donde uno está, dentro de uno, y al lado de uno.

CAPÍTULO 28

La meditación es la suma de toda energía. La energía no puede acumularse poco a poco, rechazando unas cosas y aferrándonos a otras; más bien, la meditación es la negación total, sin preferencia alguna, del mal uso de la energía. El acto de elegir es una consecuencia de la confusión; la raíz y la esencia de malgastar la energía son la confusión y el conflicto. Ver claramente *lo que es* de momento en momento, requiere una atención con toda la energía; y en eso no hay contradicción ni dualidad.

Esa energía total no viene de la abstinencia ni de los votos de castidad y pobreza, porque cualquier decisión y acción de la voluntad es un desperdicio de energía, como consecuencia de estar implicado el pensamiento en esa acción; y el pensamiento es energía desperdiciada, mientras que el *ver* nunca lo es. El acto de *ver* no es un esfuerzo de la voluntad; no existe un "yo veré", sino sólo el *ver*. La observación pone fin al observador y, en eso, no hay desperdicio de energía, pero si el pensador se propone observar, entonces eso es malgastar la energía. En el amor no hay desperdicio de energía; sin embargo, cuando el pensamiento convierte el amor en placer, entonces el dolor disipa la energía. La suma de la totalidad de la energía de la meditación se expande sin cesar y la acción de la vida cotidiana es parte de ella.

La brisa que llegaba aquella mañana del Oeste agitaba el álamo. Cada hoja transmitía algo a la brisa, cada hoja danzaba palpitante, con el regocijo de sentir la mañana primaveral. Era muy temprano y el mirlo desde el tejado cantaba; cada mañana y cada atardecer allí estaba, unas veces posado en silencio y mirando a su alrededor, en otras llamando y esperando una respuesta; así permanecía durante unos minutos y luego emprendía el vuelo. Ahora, con la primera luz de la mañana su pico amarillento brillaba, y según elevó el vuelo, las nubes que se aproximaban empezaron a cubrir el tejado; el horizonte también se ocultaba detrás de grandes nubes colocadas una sobre otra, como si alguien las hubiera puesto cuidadosamente en un orden perfecto. Se desplazaban y parecía que la Tierra entera fuera transportada por ellas: las chimeneas, las antenas de televisión, e incluso el alto edificio de enfrente. Pronto pasaron y el cielo quedó completamente azul, primaveral y limpio, con ese leve frescor que sólo la primavera puede traer. El cielo tenía ahora un azul intenso, y en esa hora matutina la calle estaba prácticamente en silencio. Se podía escuchar el sonido de los pasos sobre el pavimento y del camión que transitaba a lo lejos; el día pronto empezaría. Mientras mirábamos el álamo por la ventana, veíamos el universo, y su belleza.

El hombre que había venido preguntó: «¿Qué es la inteligencia? Usted habla mucho acerca de ella y me gustaría conocer su opinión».

La opinión y el desarrollar la opinión no es la verdad. Podemos discutir eternamente todas las diversas opiniones, su verdad o su falsedad, pero aunque sean acertadas y razonables, la opinión no es la verdad, porque la opinión siempre es algo personal, está coloreada por la cultura, por la educación y el conocimiento que uno posee. ¿Qué necesidad tenemos de cargar la mente con opiniones, con lo que pensamos de esta o de aquella persona, con lo que dice un libro o cierta idea? ¿Por

qué la mente no puede permanecer vacía? Sólo cuando la
mente está vacía es capaz de ver con claridad.

«Pero todos tenemos montones de opiniones. La opinión
que tengo del actual líder político, se ha formado a partir de
lo que él ha dicho o hecho, y sin esa opinión, no podría ir a
votar por él. Las opiniones son necesarias para actuar, ¿no es
así?»

Las opiniones pueden cultivarse, moldearse o fortalecer-
se, y la mayoría de nuestras acciones se basan en el principio
del agrado o desagrado. La seguridad que nace de la experiencia y el conocimiento se expresa a sí misma en la acción,
pero esa acción divide y separa a los seres humanos; de modo
que la opinión y la creencia impiden la observación de lo que
realmente es. El ver *lo que es* forma parte de esa inteligencia, por la cual parece estar tan interesado. No hay inteligencia sin sensibilidad del cuerpo y de la mente, es decir, sin la
sensibilidad del sentimiento y la claridad de la observación;
sin embargo, la emotividad y el sentimentalismo impiden la
sensibilidad del sentir. Ser sensible en una determinada área
e insensible en otra, conduce a la contradicción y al conflicto,
que son la negación misma de la inteligencia. El integrar las
numerosas partes fragmentadas en un todo no es lo que despierta la inteligencia. La sensibilidad, la inteligencia, es atención. La inteligencia nada tiene que ver con la información o
el conocimiento, porque el conocimiento pertenece siempre
al pasado; uno puede recurrir a él para actuar en el presente,
pero limita el presente. La inteligencia está siempre en el presente y fuera del tiempo.

CAPÍTULO 29

La meditación es el acto de liberar la mente de toda falsedad; y el pensamiento engendra falsedad. El pensamiento en sus esfuerzos por ser sincero utiliza la comparación y, por tanto, deja de ser sincero. Toda comparación es una vía de escape y, en consecuencia, engendra falsedad. La sinceridad no es lo opuesto de la falsedad, no es un postulado, ni es la conformidad con un modelo, la sinceridad es percibir totalmente *lo que es*. Y la meditación es la acción de esta sinceridad en el silencio.

El día había empezado más bien nebuloso y opaco, y en el bosque los árboles desnudos estaban silenciosos. A través de ellos se podían ver el azafrán de primavera, los narcisos y la forsitia de color amarillo intenso. Desde la distancia era una gran extensión de terreno amarillento que contrastaba con el verde del pasto; y a medida que uno se acercaba, quedaba cegado por la brillantez de aquel amarillo…, que era Dios. No es que uno se identificara con el color o se convirtiera en aquel espacio que llenaba de amarillo el universo, porque no había entidad alguna que lo mirara. Únicamente existía aquel color, nada más: ni las voces cercanas, ni el mirlo que cantaba su melodía matutina, ni las voces de los viandantes, o el ruidoso automóvil que, casi rozándonos, circulaba por la carretera. Sólo *existía* el color; y la belleza y el amor estaban en aquella existencia.

Regresamos hacia el interior del bosque, donde en este momento no había nadie, mientras empezaban a caer algunas gotas de lluvia. La primavera había llegado, pero en ese lugar del Norte los árboles aún no tenían hojas, estaban melancólicos tras el invierno, y en espera de la luz del Sol y de un tiempo apacible. Pasó un jinete con un caballo empapado en sudor; la gracia de los movimientos del caballo era más hermosa que el jinete, que con sus pantalones, botas lustrosas y gorra de montar, se veía insignificante. El caballo tenía clase y mantenía la cabeza erguida. El hombre, aunque montaba el caballo, era extraño al mundo que lo rodeaba; en cambio el caballo parecía formar parte de la naturaleza, de esa naturaleza que el hombre lentamente está destruyendo.

Los colosales árboles –magníficos robles, olmos y hayas– se erguían muy silenciosos. El suelo, cubierto por las hojas acumuladas durante el invierno, era mullido, y la tierra aquí parecía muy vieja. Había unos pocos pájaros, y mientras el mirlo dejaba oír su reclamo, el cielo se iba despejando.

Cuando regresamos al atardecer, el cielo estaba completamente transparente, y la luz que bañaba los enormes árboles era extraña y vibraba con un movimiento silencioso.

La luz es algo extraordinario; mientras más se observa, más profunda y más inmensa se vuelve; en su movimiento abrazaba aquellos árboles, era algo sobrecogedor; ningún lienzo hubiera podido captar la belleza de aquella luz. Era mucho más que la luz de la puesta de Sol, mucho más de lo que los ojos veían, parecía como si el amor reposara sobre la Tierra. Veíamos de nuevo la extensión amarilla de forsitias y la tierra se regocijaba.

Vino con sus dos hijas, pero las dejó afuera jugando. Era una mujer joven, atractiva, y bastante bien vestida; algo impaciente y parecía ser una persona muy capaz. Dijo que su esposo trabajaba en una oficina y que la vida seguía su curso normal. Había en ella una tristeza peculiar, que disimulaba rápidamente con una sonrisa. De pronto, preguntó: «¿Qué es la relación? Llevo casada con mi esposo varios años; supongo que nos amamos, pero hay un vacío terrible en nuestra relación».

¿De verdad quiere profundizar en eso?

«Sí, he venido de muy lejos para hablarle de esto.»

Su esposo trabaja en la oficina y usted trabaja en la casa, cada uno con sus ambiciones, frustraciones, sufrimientos y temores. Él desea ser un alto ejecutivo y teme no lograrlo o que otros se le adelanten; vive encerrado en su ambición, en su frustración, en el esfuerzo por realizar sus aspiraciones, y usted tiene las suyas. Cuando llega al hogar cansado, irritable, con temor en su corazón, trae consigo todas esas tensiones. Después de un largo día de batallar con los niños y con todo lo demás, seguramente se sentirá también cansada. Ambos se toman un trago para calmar los nervios y terminan en una conversación incómoda. Después de ese rato de habla, viene la comida y, luego, la inevitable cama. A esto se le llama relación, cada uno viviendo sus propias actividades egocéntricas y el encuentro final en la cama; a lo cual le llamamos amor. Por supuesto, hay un poco de ternura, algo de consideración y, de vez en cuando, unos golpecitos cariñosos en la cabeza de los hijos. Con el tiempo llega la vejez y la muerte. De modo que ésta es nuestra vida, y la aceptamos como un modo de vivir.

«¿Qué otra cosa puedo hacer? Así es como nos han criado y educado. Queremos seguridad y disfrutar de algunas cosas buenas de la vida. No veo qué más puedo hacer.»

¿Es el deseo de seguridad lo que nos esclaviza? ¿O es la costumbre, el aceptar el patrón de la sociedad, la idea de un marido, esposa y familia? Pero, en todo esto, es evidente que hay muy poca felicidad.

«Siempre queda algo de felicidad; pero hay tantas cosas que hacer, tantas cosas que atender, tanto por leer si una quiere estar bien informada, que no queda mucho tiempo para pensar. Es obvio que una no es realmente feliz, pero sobrelleva la vida.»

Eso es a lo que llamamos vivir en relación, pero es evidente que no es relación en absoluto. Puede que durante breves momentos ambos estén físicamente juntos, pero cada uno vive en su propio mundo de aislamiento, engendrando sus propias desdichas, y no hay una verdadera unión, no sólo en lo físico, sino en un sentido más amplio y profundo. ¿No es la culpable la sociedad, la cultura en la que hemos crecido, y en la que tan fácilmente nos quedamos atrapados? La sociedad que han creado los seres humanos es perversa, es una sociedad corrupta e inmoral; esa sociedad es la que debe cambiar, y esto no será posible, a menos que cambie el mismo ser humano que la ha construido.

«Quizá comprenda lo que dice y tenga la posibilidad de cambiar, pero ¿qué me dice de él? Seguirá buscando gran placer en la competencia, en la lucha por lograr el éxito, por llegar a ser alguien; por tanto, no cambiará y no saldremos de donde estamos. Mientras yo estoy intentado tímidamente salir de mi prisión, él está fortaleciendo más y más la estrecha celda de su vida. ¿Qué sentido tiene, entonces, todo esto?»

Esa forma de vivir no tiene ningún sentido. Nosotros hemos hecho que la vida sea así, con su brutalidad cotidiana, su fealdad, y con algunos momentos de alegría; de modo que debemos morir a todo eso. Como sabe, señora, el mañana realmente no existe, el mañana es una invención del pensamiento con el fin de lograr sus falsas ambiciones y alcanzar la plenitud. El pensamiento construye los innumerables mañanas, pero, de hecho, no hay mañana. Morir al mañana es vivir plenamente el hoy. Si uno lo hace, la existencia entera cambia, porque el amor no es del mañana, no es producto del pensamiento, el amor no tiene pasado ni futuro. Cuando vivimos completamente el ahora, surge una gran pasión, y en esa belleza –que no pueden tocar la ambición, los celos ni el tiempo– existe la relación profunda no sólo con el hombre, sino también con la naturaleza, con las flores, la Tierra y los cielos. En eso está la intensidad de la inocencia; y el vivir, entonces, adquiere un significado muy distinto.

CAPÍTULO 30

Nunca puede decir que está meditando, es algo que debe suceder sin que uno se lo proponga. Si lo intenta, si pregunta cómo hacerlo, entonces el método no sólo le condicionará aún más, sino que también fortalecerá el actual condicionamiento. La meditación es realmente la negación de toda la estructura del pensamiento, porque la naturaleza del pensamiento es estructural, es razonable o irrazonable, objetiva o subjetiva, y cuando trata de meditar partiendo de la razón, o de un estado contradictorio y neurótico, inevitablemente proyecta aquello que el mismo pensamiento es, y acepta su propia estructura como una realidad verdadera. Es como el creyente que medita siguiendo su propia creencia y, así, fortalece y santifica aquello que él mismo ha creado por temor. La palabra es el cuadro o la imagen cuya idolatría se convierte en el objeto buscado.

El ruido tiene su propia limitación y, por eso, el ruido del pensamiento es limitado, igual que la palabra y su sonido, divide al observador de lo observado. La palabra no es sólo una expresión del lenguaje, no es sólo un sonido, sino que también es un símbolo, un recuerdo de algún hecho que desata el movimiento de la memoria y del pensamiento. En la meditación la palabra no interviene en absoluto; el mecanismo de la palabra es la raíz del temor.

Llegaba la primavera y en el bosque todo estaba extrañamente apacible. Había unas pocas hojas nuevas y el cielo no mostraba aún ese intenso azul que llega con el encanto de la primavera. Los castaños no habían brotado todavía, pero el prematuro aroma de la primavera flotaba en el aire. En esa parte del bosque, generalmente no había nadie y se oía pasar los automóviles a lo lejos. Caminábamos al amanecer y se percibía esa suave sutileza de la primavera temprana.

Según dijo, había estado discutiendo, cuestionando y preguntando qué debía hacer.

«Parece tan interminable ese constante análisis y examen introspectivo, esta búsqueda. He pasado por tantas cosas; por *gurús* bien afeitados y por *gurús* barbudos, por diversos sistemas de meditación –ya conoce bien todas sus tretas– y al final todo eso deja un mal sabor de boca y poca cosa más.»

¿Por qué no empieza por el lado opuesto, por el lado que no conoce, por la otra orilla que no es posible divisar desde este lado? Comience por lo desconocido, en lugar de empezar por lo conocido, porque el constante examen, el análisis sólo fortalecen y condicionan aún más lo conocido. Si la mente viviera partiendo del otro extremo, entonces no existirían estos problemas.

«Pero ¿cómo voy a empezar desde el otro lado? Ni lo conozco, ni lo veo.»

Cuando pregunta «¿cómo voy a empezar desde el otro lado?», sigue haciendo esa pregunta todavía desde este lado. Por tanto, en lugar de preguntar camine hacia la otra orilla de la cual no sabe nada, muévase hacia esa otra dimensión que el pensamiento con su astucia no puede alcanzar.

Durante algún tiempo permaneció en silencio; mientras, un faisán pasó volando, con el brillo que le daba el Sol, hasta desaparecer bajo los arbustos. Cuando al rato volvió a reaparecer, había cuatro o cinco faisanes hembras de un color similar a las hojas secas, y el gran faisán macho se erguía majestuoso entre ellas.

El hombre estaba tan ocupado que no se dio cuenta del faisán y, cuando se lo señalamos, dijo: «¡Qué hermoso!», aunque eran simples palabras, porque su mente estaba demasiado atareada con el problema de cómo empezar por algo que desconocía. Una lagartija madrugadora, larga y verde, descansaba sobre una roca tomando un baño de Sol.

«No sé cómo empezar desde el otro extremo. En realidad, no entiendo esta ambigua afirmación, esta aseveración que, por lo menos para mí, no tiene mucho sentido. Sólo puedo dirigirme hacia lo que conozco.»

Pero ¿qué es lo que conoce? Sólo conoce algo que ya ha terminado, que ya pasó. Lo que conoce es el ayer y nosotros estamos diciendo: «Empiece desde lo desconocido y, a partir de ahí, viva». Si dice: «¿Cómo puedo vivir partiendo de lo desconocido?», entonces sigue imitando el modelo del ayer. Sin embargo, si vive con lo desconocido, estará viviendo en libertad, actuando desde la libertad; y, en definitiva, eso es amor. Pero si usted dice: «ya sé lo que es el amor», entonces no sabe lo que es. Sin lugar a dudas, el amor no es una memoria, no es un recuerdo del placer, y debido a que no lo es, viva entonces con aquello que desconoce.

«Realmente no sé de qué me habla, creo que está complicando el problema.»

Estoy preguntando algo muy simple. Estoy diciendo que cuanto más excave, más confuso estará. El acto mismo de excavar es condicionamiento, y con cada palada que saque, construye peldaños que no conducen a ninguna parte. Lo que quiere es construir una nueva escalinata, quiere construir nuevos escalones que le conduzcan a una dimensión diferente; pero si no sabe cuál es esa dimensión diferente, si de verdad no lo sabe –sin especular–, entonces cualquier paso que dé, cualquier dirección que tome, sólo puede conducirle a aquello que de antemano ya conoce. De modo que olvídese de todo esto y empiece por el otro lado. Permanezca en silencio y lo descubrirá.

«Pero ¡no sé cómo estar en silencio!»

¿Lo ve?, de nuevo ha regresado al «cómo», y no hay un final para el "cómo". Todo lo que conoce está en el lado equivocado. Si dice que sabe, ya ha cavado su propia tumba. Ser es no conocer.

CAPÍTULO 31

En la luz del silencio, todos los problemas se disuelven. Esa luz no nace de la vieja actividad del pensamiento, ni tampoco nace del conocimiento revelador. El tiempo, o cualquier actividad de la voluntad, no puede encenderla; sólo adviene en la meditación. La meditación no es un asunto privado, no es la búsqueda personal de placer, porque el placer siempre separa y divide. En la meditación la línea divisoria entre usted y yo desaparece; en la meditación la luz del silencio destruye el conocimiento del "yo". El "yo" puede estudiarse indefinidamente porque cambia de un día para otro, pero su alcance es siempre limitado, por más extenso que uno crea que es. El silencio es libertad, y la libertad llega con el definitivo orden completo.

Era un bosque junto al mar. El persistente viento había deformado los pinos, impidiéndoles crecer hacia el cielo, y las ramas estaban despojadas de agujas. Era primavera, pero la primavera nunca llegaría a estos pinos, estaba muy lejos de ellos, lejos del viento constante y el aire salino. La primavera había llegado, floreciente, y cada brizna de hierba y cada hoja la aclamaban; los castaños estaban en flor, con sus brotes iluminados por el Sol; los patos con sus polluelos, los tulipanes y los narcisos la gozaban, pero aquí todo era austero, sin sombras, y los árboles vivían en agonía, retorcidos, achaparrados y desnudos; estaban demasiado cerca del mar. Este lugar poseía su propia belleza peculiar, pero miraba hacia los bosques lejanos con reservada angustia, porque ese día el viento frío era muy intenso; las olas saltaban y los fuertes vientos empujaban la primavera tierra adentro. La neblina se extendía sobre el mar y las nubes en carrera vertiginosa cubrían la región, arrastrando consigo los canales, los bosques y la tierra llana. Incluso los bajos tulipanes, tan pegados a la tierra, temblaban y su brillante colorido era una onda de viva luz sobre la campiña. Las aves estaban en los bosques, pero no entre esos pinos. Sólo había uno o dos mirlos, con sus picos de un amarillo refulgente, y alguna paloma. Era maravilloso ver la luz reflejada en el agua.

Era un hombre corpulento, grueso y de manos grandes. Debía de ser muy rico porque coleccionaba cuadros modernos, y se sentía muy orgulloso de su colección, que los mismos críticos la consideraban excelente; y, a medida que hablaba, podíamos ver la llama del orgullo en sus ojos. Tenía un perro grande, inquieto y juguetón; era más alegre que su amo. Quería estar afuera y correr contra el viento por la hierba y los arenales, pero permanecía sentado obedientemente en el sitio que su amo le había asignado, y pronto se quedó dormido de aburrimiento.

Los bienes llegan finalmente a poseernos más que nosotros a ellos. El castillo, la casa, los cuadros, los libros, el conocimiento llegan a ser más valiosos, mucho más importantes que el ser humano.

Según dijo, había leído mucho, y en su biblioteca se podían ver libros de todos los autores modernos más recientes. Habló sobre el misticismo espiritual y de la locura por las drogas que cada día se extendían más y más por todas partes. Aunque tenía dinero y éxito, había en él un vacío y una superficialidad que jamás llenaría con libros, con cuadros, o con la habilidad en el comercio.

Ésa es justamente la tristeza de la vida, el vacío que tratamos de llenar con todos los trucos inimaginables de la mente. Pero el vacío permanece, y su tristeza está en el esfuerzo
inútil por poseer. De este esfuerzo vienen el poder y la reafirmación del "yo", con sus palabras vacías y recuerdos agra-
dables de cosas pasadas que nunca volverán. El pensamiento engendra este vacío, esta soledad que aísla, y los mantiene
vivos por medio del desarrollo del conocimiento.

Esa tristeza del esfuerzo inútil es la que está destruyendo
al hombre. El pensamiento, mucho menos eficiente que una
computadora, es el único instrumento que tenemos para enfrentarnos a los problemas de la vida, y consecuentemente,
los problemas nos destruyen. Esa tristeza que produce des-
perdiciar la vida, y de la que con toda probabilidad sólo nos
daremos cuenta en el momento de la muerte; pero, para entonces, será ya demasiado tarde.

Así pues, las posesiones, la personalidad, los logros, la
esposa domesticada se vuelven terriblemente importantes, y
esta tristeza aleja el amor. O bien tenemos estas cosas o tenemos amor, pero no podemos tener ambos a la vez. Las primeras engendran cinismo y amargura, que son los únicos resultados que el ser humano finalmente obtiene; el amor, reside
más allá de todos los bosques y colinas.

CAPÍTULO 32

La imaginación y el pensamiento no tienen cabida en la meditación, porque conducen a la esclavitud, mientras que la meditación es libertad. Lo bueno y lo placentero son dos cosas diferentes; lo primero trae la libertad, y lo segundo conduce a la esclavitud impuesta por el tiempo. Meditar es liberarse del tiempo, porque el tiempo es el observador, el experimentador, el pensador, y también es el pensamiento; la meditación consiste en ir más allá y por encima de las actividades del tiempo.

La imaginación pertenece al ámbito del tiempo y, por disimulada u oculta que esté, siempre actuará. Esta acción del pensamiento conducirá inevitablemente al conflicto y a la esclavitud impuesta por el tiempo. Meditar es ser inocente del tiempo.

Se podía ver el lago a muchos kilómetros de distancia. Para llegar a él debíamos circular a través de serpenteantes carreteras que zigzagueando cruzaban los campos de mies y bosques de pinos. Era un país muy ordenado; en las carreteras no había suciedad alguna y las granjas con su ganado, sus caballos, pollos y cerdos, estaban perfectamente establecidas. Poco a poco descendíamos por colinas onduladas para llegar hasta el lago, y a ambos lados se elevaban montañas cubiertas de nieve. El día era transparente y la nieve brillaba a la luz del amanecer.

Durante muchos siglos no ha habido guerras en este país y uno percibía la gran seguridad, la imperturbable rutina de la vida diaria, que trae consigo el embotamiento y la indiferencia de una sociedad establecida por un gobierno eficiente. Circulábamos por una carretera asfaltada y bien conservada, lo bastante ancha como para que un automóvil pudiera fácilmente adelantar a otro; tras cruzar un cerro nos encontramos entre huertos, y un poco más adelante había un sembrado de tabaco en el que, a medida que nos acercábamos, se podía aspirar el fuerte olor de las flores en sazón.

Esa mañana, al ir descendiendo de la altura se empezaba a sentir el calor, y el aire se iba haciendo más pesado. La paz del lugar entraba en el corazón y uno formaba parte de la Tierra.

Era uno de los primeros días de primavera. Procedente del Norte soplaba una brisa fría y el Sol empezaba a proyectar sombras alargadas. El alto y robusto eucalipto se inclinaba suavemente hacia la casa y sólo un mirlo cantaba; podíamos verlo desde el lugar que estábamos sentados. Debía de sentirse bastante solo, porque aquella mañana había pocos pájaros, mientras unos gorriones se alineaban en la pared que daba al jardín; era un jardín descuidado y hacía falta cortar el césped. Por la tarde, los niños acostumbraban a salir a jugar y se podían escuchar sus gritos y risas; se perseguían unos a otros entre los árboles, jugaban al escondite, y su vibrante risa llenaba todo el lugar.

En la comida del mediodía había cerca de ocho comensales sentados alrededor de la mesa. Uno de ellos era un director de cine, otro un pianista, y también se hallaba un joven universitario. Hablaban de política, de los disturbios en América, y de las guerras que parecían no tener fin. La conversación fluía fácilmente acerca de naderías. De súbito, el director comentó: «Los que pertenecemos a la vieja generación no tenemos sitio en este mundo moderno. El otro día un escritor muy conocido habló en una universidad, y los estudiantes lo sacaron de quicio y lo humillaron. Lo que estaba exponiendo no se ajustaba con lo que los estudiantes querían escuchar, con lo que pensaban o reclamaban; estaba reafirmando sus puntos de vista, las cosas que para él eran importantes, su forma de vivir, y nada de eso interesaba a los estudiantes. Lo conozco y sé cómo se sentía. Estaba realmente desconcertado, pero no lo admitía. Lo que quería era que la joven generación le respetara, pero los jóvenes no querían aceptar su forma de vida respetable, su forma tradicional de vivir. Sin embargo, en sus libros escribe acerca de un cambio responsable… Lo que personalmente veo –siguió diciendo el director de cine–, es que no tengo relación o contacto alguno con la generación más joven; siento que somos unos hipócritas».

Eso lo decía un hombre que había alcanzado la fama como director de muchas películas reconocidas como vanguardistas. No se sentía amargado por la situación, sólo exponía un hecho con una sonrisa y encogimiento de hombros. Lo que resultaba especialmente agradable de él era su franqueza, con ese toque de humildad que frecuentemente le acompaña.

El pianista era muy joven. Había renunciado a una carrera prometedora porque consideraba que todo aquel mundo de empresarios y conciertos, de publicidad y dinero implicados, no era más que un tinglado recubierto de gloria, y él deseaba llevar una vida diferente, una vida religiosa.

Dijo: «Sucede lo mismo en todas partes del mundo. Hace poco que he regresado de la India y allí el distanciamiento entre lo viejo y lo nuevo es quizás más grande. La tradición y la fuerza de lo viejo son extremadamente poderosas, y es probable que la generación más joven sea absorbida por completo. Sin embargo, espero que unos pocos resistan e inicien un movimiento distinto».

«Debido a que he viajado bastante he notado que los jóvenes –y yo soy viejo comparado con ellos– cada vez más están empezando a romper con lo establecido. Tal vez se pierdan en el mundo de las drogas y del misticismo oriental, pero son una promesa, una nueva vida; rechazan la iglesia, la figura del sacerdote satisfecho y la jerarquía sofisticada de la iglesia; no tienen interés alguno en la política ni en la guerra. Quizás surja de ellos el germen de lo nuevo.»

El estudiante universitario se había mantenido en silencio todo el tiempo, comiendo sus espaguetis y mirando por la ventana; pero tanto él como los demás estaban muy atentos a la conversación. Era algo tímido y no le gustaba estudiar, pero iba a la universidad y escuchaba a los profesores, aunque no tuvieran la capacidad para enseñar adecuadamente. Leía mucho; le gustaba la literatura inglesa tanto como la de su propio país, y en otras comidas y ocasiones anteriores, ya había hablado sobre todo eso.

Tomó la palabra y dijo: «Aunque sólo tengo veinte años, si me comparo con muchachos de quince, soy viejo; sus cerebros trabajan con mucha más rapidez, son más perceptivos, ven las cosas con mayor claridad, llegan al meollo de la cuestión antes que yo. A primera vista saben mucho más y me siento viejo comparado con ellos. De modo que estoy de acuerdo con lo que recientemente se ha dicho: que sienten que son hipócritas, dicen una cosa pero hacen la contraria. Esta actitud puede entenderse en los políticos y en los sacerdotes, pero lo que me desconcierta es, ¿por qué el resto de la gente se une a este mundo de hipocresía? Esa moralidad apesta; lo que realmente *desean* es la guerra.

»En cuanto a nosotros los jóvenes, no odiamos al negro, al mestizo o a cualquier hombre de otro color; nos sentimos bien con todos. Puedo decir esto porque me he relacionado con ellos.»

«Pero ustedes, la generación más vieja, han creado este mundo de distinciones raciales y de guerra, mientras que nosotros no queremos saber nada de todo eso; de ahí que nos rebelemos. Pero, una vez más, los diferentes políticos explotan esta rebelión y la convierten en una moda, haciéndola socialmente aceptable, de tal modo que se pierde nuestra intención original de revuelta en contra de lo establecido. Es muy probable que, también nosotros lleguemos a ser un día ciudadanos respetables y morales, pero ahora odiamos la moralidad de ustedes, porque no tienen moralidad alguna.»

Hubo un minuto o dos de silencio; el eucalipto permanecía prácticamente inmóvil, como si estuviera escuchando las palabras que se decían en aquella mesa; el mirlo se había ido y también los gorriones.

¡Bravo! –respondimos–, está totalmente en lo cierto. Negar toda moralidad es ser moral; aceptar la moralidad es aceptar la respetabilidad social y me temo que todos anhelamos ser respetados, lo cual significa ser reconocidos como buenos ciudadanos en una sociedad corrupta; porque la respetabilidad es muy productiva y asegura un buen empleo con un sueldo estable. Aceptar la moralidad de la avaricia, de la envidia y del odio es la base de la sociedad establecida.

Cuando uno rechaza todo eso, no de palabra sino con el corazón, entonces realmente es un verdadero ser humano moral; en ese momento la moral emana del amor y no del interés propio, ni del logro o del ansia por conseguir un puesto en la jerarquía. No podemos sentir este amor si pertenecemos a una sociedad donde buscamos fama, reconocimiento y posición; y debido a que en todo eso no hay amor, esa moralidad es inmoral. Cuando desde lo profundo de nuestros corazones lo rechazamos por completo, entonces existe esa virtud que es inseparable del amor.

CAPÍTULO 33

Meditar es trascender el tiempo. El tiempo es la distancia que el pensamiento recorre para conseguir sus deseos, y ese viaje se realiza siempre a lo largo de la vieja carretera, recubierta con nuevas capas de asfalto, con nuevas vistas panorámicas, pero es siempre la misma carretera que no conduce a ninguna parte, salvo al dolor y al sufrimiento.

La verdad deja de ser una abstracción sólo cuando la mente trasciende el tiempo, entonces la dicha no es una idea derivada del placer, sino una realidad que no es verbal.

Vaciar la mente del tiempo es el silencio de la verdad; ver esto es actuar; por tanto, entre el ver y el hacer no hay separación, porque en el intervalo entre el ver y el hacer, nacen el conflicto, la desdicha y la confusión. Aquello que está fuera del tiempo es lo eterno.

Encima de todas las mesas había narcisos, tiernos y frescos, recién traídos del jardín, con el florecer de la primavera todavía en sus pétalos. En un extremo de una mesa había lirios, de color blanco cremoso y con el centro de un amarillo intenso. Contemplar esta blancura de crema y el amarillo brillante de los narcisos, era ver el cielo azul en eterna expansión, ilimitado y silencioso.

Casi todas las mesas estaban ocupadas por gente que hablaba muy alto y reía. En una mesa cercana, una mujer alimentaba disimuladamente a su perro, con la carne que ella ya no podía comer. Al parecer, a todos les habían servido demasiada comida, y no era una escena agradable ver comer a tanta gente; quizás sea inhumano ver comer en público. Un hombre al otro lado del comedor se había saciado de vino y carne, y estaba ahora encendiendo un enorme cigarro puro, con una satisfacción que llenaba su gruesa cara, mientras que su esposa, tan gorda como él, encendía un cigarrillo. Ambos tenían el aspecto de sentirse fuera del mundo.

Entre todo esto, allí estaban los narcisos amarillos que parecían no importar a nadie; tan sólo estaban con fines decorativos y no tenían otra importancia; mientras uno los observaba, su dorada brillantez llenaba el ruidoso salón. El color tiene este extraño efecto en la vista; no era tanto que el ojo observara el color, sino que el color parecía llenar nuestro ser; uno *era* ese color; no es que uno se convirtiera en ese color, sino que formaba parte de él, sin identificación ni nombre alguno, con ese anonimato que es inocencia. Donde no hay anonimato, hay violencia en todas sus diversas formas.

Pero uno dejó atrás el mundo, el salón lleno de humo, la crueldad del hombre y la fealdad de la carne roja; aquellos narcisos elegantes parecían transportarlo a uno más allá del tiempo.

El amor es así, no tiene tiempo, espacio o identidad. La identidad es la que engendra placer y dolor; es la identidad lo que trae odio y guerra, la que construye un muro alrededor de las personas, de cada ser humano, de cada familia y comunidad. El hombre extiende a otro hombre la mano por encima del muro, pero el otro también está prisionero; y la moralidad es una palabra que tiende un puente entre ambos y, por tanto, se convierte en horrible e ilusoria.

El amor no es así; el amor es como ese bosque que bordea el camino, siempre renovándose a sí mismo, porque está constantemente muriendo. En el amor no existe esa permanencia que el pensamiento busca, sino un movimiento que el pensamiento jamás podrá comprender, tocar o sentir. El sentir del pensamiento y el sentir del amor son dos cosas diferentes; una conduce a la esclavitud, y la otra, al florecer de la bondad. El florecer no está en el seno de ninguna sociedad, cultura o religión, mientras que la esclavitud reside en todas las sociedades, en las creencias religiosas con su fe puesta en lo otro. El amor es anónimo, por tanto, no es violento, mientras que el placer es violento, porque el deseo y la voluntad son los factores que lo impulsan. Ni el pensamiento ni las buenas obras pueden producir el amor; la negación del proceso total del pensamiento se convierte en la belleza de la acción, que es el amor. Sin amor no existe la dicha de la verdad.

Y allí, sobre la mesa, estaban los narcisos.

CAPÍTULO 34

La meditación es el despertar de la dicha; una dicha que abarca los sentidos y va más allá de ellos; no tiene continuidad, porque no pertenece al tiempo. La felicidad y el júbilo en la relación, en el espectáculo de una nube arrastrando la Tierra entera, y en la luz de la primavera reflejándose sobre las hojas, son un deleite para la vista y para la mente. El pensamiento puede cultivar este deleite y darle continuidad en el espacio de la memoria, pero ésa no es la dicha de la meditación, en la cual está contenida la intensidad de los sentidos. Los sentidos deben ser capaces de percibir con agudeza, deben estar libres de toda la distorsión que produce el pensamiento, la disciplina de la conformidad o de la moralidad social. Ahora bien, la libertad de los sentidos no reside en su complacencia; la complacencia es el placer del pensamiento. El pensamiento es como el humo que desprende el fuego, y la dicha es el fuego sin la nube de humo que hace brotar lágrimas de los ojos. El placer es una cosa y la dicha es otra; el placer es la esclavitud del pensamiento, y la dicha está más allá y por encima del pensamiento. La base de la meditación es comprensión del pensamiento y el placer, con su moralidad y disciplina que ofrecen comodidad. La dicha de la meditación está fuera del tiempo y la continuidad; está más allá de ambas y, por tanto, es inconmensurable. Su éxtasis no es según el color del cristal con que se mira, ni es una experiencia del pensador.

El pensamiento no puede alcanzarla con sus palabras y símbolos, ni con la confusión que él engendra; la dicha no es una palabra que el pensamiento puede establecer o moldear. Esta dicha emana del silencio completo.

Era una mañana preciosa, con pequeñas nubes fugaces y un cielo claro y azul. Había llovido y la atmósfera estaba despejada. Todas las hojas eran nuevas y el melancólico invierno había quedado atrás; cada hoja, bañada por el Sol radiante, sabía que no guardaba ninguna relación con la primavera del año anterior. El Sol brillaba entre ellas derramando una suave luz verde sobre el húmedo sendero que, a través del bosque, conducía a la carretera principal, que, a su vez, llevaba a la gran ciudad.

Había niños jugando, pero en ningún momento contemplaban el hermoso día primaveral. No necesitaban hacerlo, porque ellos mismos eran la primavera; su risa y sus juegos formaban parte del árbol, de la hoja y de la flor. Eso es lo que uno sentía y no una imaginación. Era como si las hojas y las flores participaran de la risa, de los gritos y del globo aerostático que pasaba flotando en el aire. Cada brizna de hierba, cada flor amarilla del diente de león, cada tierna hoja tan vulnerable formaban parte de los niños, y los niños formaban parte de la totalidad de la Tierra; la línea divisoria entre el ser humano y la naturaleza había desaparecido. Pero el hombre que pasaba en su automóvil de carreras y la mujer que regresaba del supermercado, no percibían nada de todo eso. Probablemente en ningún momento se detuvieron a mirar el cielo, la hoja temblorosa o las lilas blancas; llevaban sus problemas en el corazón y su corazón en ningún momento miró a los niños, ni el resplandeciente día primaveral. La pena era que fueran ellos quienes educaban a sus hijos, para que muy pronto se convirtieran en pilotos de automóviles de carreras o en mujeres que regresarían del supermercado; el mundo volvería a ser oscuro, y ahí está la raíz del sufrimiento sin fin. El amor que reposaba en aquella hoja se disiparía con el próximo otoño.

Era un hombre joven, con esposa e hijos. Parecía muy instruido, un intelectual, y con gran facilidad de palabra. Era bastante delgado y estaba sentado confortablemente en una butaca con las piernas cruzadas, las manos enlazadas en el regazo, y sus lentes brillaban a la luz del Sol que entraba por la ventana. Dijo que siempre había estado buscando, no sólo verdades filosóficas, sino también la verdad que está más allá de la palabra y del sistema.

Supongo que busca porque está descontento.

«No exactamente; no es que esté descontento; como cualquier ser humano, estoy insatisfecho, pero ése no es el motivo de mi búsqueda. No es la búsqueda como si se tratara de un microscopio o del telescopio, o como el sacerdote busca a su dios. El caso es que no puedo decir qué es lo que estoy buscando, no puedo señalarlo con el dedo. Me parece que nací con esto y, aunque soy feliz en mi matrimonio, la búsqueda continúa. No se trata de un escape, en realidad no sé qué quiero descubrir. Lo he hablado con eruditos filósofos y misioneros religiosos de Oriente, y todos me han dicho que continúe mi búsqueda y nunca deje de investigar. Después de todos estos años, sigo desorientado.»

¿Por qué buscamos realmente? Siempre buscamos tratando de encontrar algo que esté en la otra orilla, a una distancia que podamos alcanzar con el tiempo y basándonos en el mejoramiento. El buscar y el encontrar pertenecen al futuro: a lo lejos, justo detrás de la montaña. En esencia éste es el significado de buscar; estamos en el presente y lo que buscamos se encuentra en el futuro. De modo que el presente no está en su plena actividad ni en su máxima intensidad y, como es obvio, evidentemente lo que está más allá de la colina resulta más atractivo e importante. Si el científico tiene los ojos pegados al microscopio, nunca verá la araña de la pared, aunque la telaraña de su vida no esté en el microscopio, sino en la vida del presente.

«¿Quiere decir, señor, que es inútil buscar; que no hay esperanza en el futuro; que todo tiempo está en el presente?»

Toda vida está en el presente, no en la sombra del ayer ni en la fascinación de la esperanza puesta en el mañana. Para vivir en el presente, uno tiene que liberarse del ayer y el mañana. El mañana no contiene nada, porque el mañana es el presente, y el ayer es sólo un recuerdo; así pues, la búsqueda –por más excitante y reconfortante que resulte– no hace sino acrecentar la distancia entre aquello que se busca y *lo que es*.

El estar constantemente buscando el propósito de la vida, es uno de los escapes curiosos del ser humano. Si encuentra lo que busca, lo que sea que encuentre, no poseerá ni tan siquiera el valor de una piedrecilla del camino. Para vivir en el presente, la mente no debe estar dividida por el recuerdo del ayer o la deslumbrante esperanza del mañana, no debe tener ayer ni mañana; lo cual no es una afirmación poética, sino un hecho real. La poesía o la imaginación no tiene cabida en el presente activo. No es que uno deba negar la belleza, sino que el amor es esa belleza del presente que no puede encontrarse cuando se busca.

«Creo que empiezo a ver la inutilidad de esos años que he perdido en mi búsqueda, en las preguntas que me he hecho a mí mismo y he hecho a los demás, y también empiezo a ver la banalidad de las respuestas.»

El final es el principio; el principio es el primer paso, y el primer paso es el único paso.

CAPÍTULO 35

Era un hombre más bien directo, lleno de curiosidad y empuje. Había leído abundentemente y hablaba varios idiomas. Cuando estuvo en Oriente conoció algo de la filosofía hindú, leyó los llamados libros sagrados y siguió a algún *gurú*. Ahora se encontraba aquí, en aquel pequeño salón con vistas al valle verde que sonreía al Sol matinal. Los picos cubiertos de nieve resplandecían, e inmensas nubes empezaban a asomar sobre las montañas. El día prometía ser muy agradable y a esa altitud el aire era limpio y la luz penetrante. Comenzaba el verano, aunque en la atmósfera flotaba aún el frescor de la primavera. Era un valle tranquilo, especialmente en esta época del año, lleno de silencio, del sonido de los cencerros de las vacas, del olor a pino y a heno recién cortado. Un grupo de niños gritaban y jugaban; a primera hora de la mañana había alegría en el aire y la belleza de la Tierra reposaba en los propios sentidos. Los ojos veían el cielo azul, los campos verdes, y todo se llenaba de júbilo.

«Conducta es rectitud, por lo menos eso es lo que usted dice. Le he escuchado durante varios años en diferentes partes del mundo y he asimilado su enseñanza. No estoy tratando de llevar esa enseñanza a la práctica, porque entonces se convertiría en otro modelo de comportamiento, en otra forma de imitación y en la aceptación de una nueva fórmula; me doy cuenta del peligro que eso representa. He comprendido mucho de lo que dice, y eso prácticamente forma parte de mí mismo; aunque, a la vez, puede ser un impedimento que coarte mi libertad de acción –sobre lo cual usted insiste tanto–. Nuestra vida nunca es libre y espontánea; de modo que en mi vida diaria debo estar siempre pendiente de no seguir algún nuevo modelo que haya elaborado para mí mismo. Por eso, aparentemente llevo una doble vida; por un lado, la actividad ordinaria, la familia, el trabajo, etcétera, y por el otro, la enseñanza que nos está dando y que me interesa enormemente. Si sigo la enseñanza, entonces soy igual que cualquier católico que actúa en conformidad con el dogma. Por tanto, ¿es posible vivir la vida diaria de acuerdo con las enseñanzas, sin ajustarse meramente a ellas?»

Lo importante es dejar de lado la enseñanza, deshacerse del maestro y también del discípulo que está tratando de vivir una vida diferente. Sólo existe el aprender: el aprender es el hacer, el aprender no está separado de la acción. Si uno los separa, entonces el aprender es una idea o un puñado de ideales de acuerdo con los cuales uno actúa; mientras que el verdadero aprender es actuar sin conflicto. Cuando esto se comprende, ¿cuál es el problema? El aprender no es una abstracción, ni una idea, sino el acto de estar aprendiendo realmente de algo. No podemos aprender sin actuar; sólo podemos aprender acerca de nosotros mismos en la acción. No es que primero aprendamos acerca de nosotros mismos y luego actuemos de acuerdo con el conocimiento adquirido, porque entonces esa acción se vuelve imitativa, se amolda al conocimiento acumulado.

«Pero, señor, sea por una cosa u otra, a cada instante me enfrento a un reto y respondo como siempre lo he hecho…, lo cual significa que con frecuencia tengo conflictos. Me gustaría comprender profundamente lo que dice, en relación a aprender de estas situaciones de la vida diaria.»

Los retos tienen que ser siempre nuevos, o no son retos;

pero si la respuesta es vieja, resulta inadecuada y, por tanto, aparece el conflicto. Pregunta cómo puede uno aprender de todo esto. Tan sólo aprenda de todas las respuestas: cómo surgen, cuáles son sus circunstancias y su condicionamiento; de tal modo que ese aprender revele completamente la estructura y la naturaleza de la respuesta. Este aprender no es una acumulación de conocimientos, con los que responderemos cuando aparezca el reto. El aprender es un movimiento que no está limitado por el conocimiento; si está limitado, no es movimiento. La máquina o la computadora *es* limitada; ésta es la diferencia básica entre el hombre y la máquina. Aprender es observar, es ver. Si uno observa partiendo del conocimiento acumulado, entonces ese ver es limitado, en ese ver no hay nada nuevo.

«Está diciendo que uno debe aprender de toda la estructura de la respuesta. Lo cual parece indicar que efectivamente hay cierta acumulación cuando uno aprende. Sin embargo, por otro lado, insiste en que este aprender al que se refiere, es tan claro que no necesita acumularse.»

Nuestra educación consiste en acumular numerosos conocimientos, eso mismo hace una computadora con mayor rapidez y exactitud. Por consiguiente, ¿qué necesidad tenemos de esa clase de educación? Las máquinas harán casi todos los trabajos del hombre. Cuando dice –al igual que la mayoría de personas lo creen– que el aprender consiste en recopilar numerosos conocimientos, ¿no está, entonces, negando el movimiento de la vida, que es relación y la forma cómo nos comportamos? Si la relación y la conducta se basan en experiencias previas y en el conocimiento, ¿hay, entonces, verdadera relación? ¿Es la memoria, con todas sus asociaciones, la verdadera base de la relación? La memoria está formada de imágenes y palabras, y cuando basamos la relación en símbolos, imágenes y palabras, ¿puede haber una relación verdadera?

Como ya dijimos, la vida es un movimiento en relación, y si esa relación está atada al pasado, atada a la memoria, su movimiento es limitado y pronto empieza a decaer.

«Entiendo muy bien lo que dice, pero nuevamente pregunto: ¿desde dónde actuar? ¿No está contradiciéndose cuando dice que uno aprende al observar toda la estructura de las propias respuestas y al mismo tiempo dice que el aprender no tiene nada que ver con el acumular?»

El ver la estructura es un hecho vivo, que está en movimiento, pero cuando este ver se añade a la estructura, entonces la estructura se vuelve más importante que el ver, que es el vivir. Hasta aquí no hay contradicción alguna. O sea, lo que estamos diciendo es que el ver es mucho más importante que la naturaleza de la estructura. Pero cuando damos más importancia al aprender acerca de la estructura y no al aprender como el acto de ver en sí mismo, entonces *hay* contradicción; porque el ver es una cosa y el aprender acerca de la estructura es otra.

Señor, en relación a su pregunta de ¿cuál es la base desde la cual uno debe actuar? Si hay una base para la acción, entonces esa base es la memoria, es el conocimiento, que es el pasado. Pero dijimos que ver *es* actuar; ambas cosas no están separadas. El ver es siempre nuevo, y por tanto el actuar también es siempre nuevo. Por eso, el ver todas las respuestas diarias trae lo nuevo, que es lo que llamamos espontaneidad. En el momento de enojarme, no hay un reconocer que es enojo; el reconocimiento viene unos segundos después cuando digo: «me he enojado». ¿Es el ver ese enojo un estado de atención sin elección o es, una vez más, una elección basada en lo viejo? Si se basa en lo viejo, entonces todas las respuestas que demos a ese enojo –reprimirlo, controlarlo o defenderlo, etcétera– son fruto de la costumbre. Pero cuando hay un ver sin elección, únicamente existe lo nuevo.

Todo esto plantea otra interesante cuestión: nuestra dependencia del reto para mantenernos despiertos, para salir de la rutina, de la tradición, del orden establecido, ya sea por medio de revueltas con derramamiento de sangre, o de alguna otra sublevación.

«¿Es posible que la mente no dependa de ningún reto?»

Sólo es posible cuando la mente experimenta un cambio constante, cuando la mente no tiene donde refugiarse, donde agarrarse, cuando no tiene intereses creados o compromisos. Una mente atenta, una mente que es luz para sí misma, ¿qué necesidad tiene de reto alguno?

CAPÍTULO 36

La meditación es la acción del silencio. Pero nosotros actuamos desde nuestras opiniones, conclusiones y conocimientos, o desde nuestros intereses especulativos, y esto, inevitablemente, provoca que a la hora de actuar surja la contradicción entre *lo que es* y *lo que debería ser,* o *ha sido*. Esta acción se basa en el pasado –al que llamamos conocimiento– y es una acción mecánica, aunque puede modificarse y ajustarse en el momento actual, pero hunde sus raíces en el pasado; por tanto, la sombra del pasado siempre nubla el presente. Nuestra relación tiene como referencia la imagen, el símbolo, la conclusión, todo lo cual pertenece al pasado y, por tanto, es memoria, no es algo vivo. Desde este parloteo, desorden y contradicción surgen nuestras actividades, que se dividen en modelos de cultura, de comunidades, instituciones sociales y dogmas religiosos. De este ruido incesante surge la revolución que pretende instaurar un nuevo orden social, como si de algo nuevo se tratara, pero al ser un movimiento de lo conocido a lo conocido, no es un cambio en absoluto, porque el cambio sólo es posible cuando se niega lo conocido; la acción, entonces, no se basa en un modelo, sino que nace de una inteligencia que constantemente se renueva a sí misma.

La inteligencia no es discernimiento, ni juicio o evaluación crítica. La inteligencia es ver *lo que es,* y *lo que es* cambia a cada instante; por eso, cuando el acto de ver depende del pasado la inteligencia que surge del ver cesa; y, entonces, lo que dicta nuestras acciones es el peso muerto de la memoria y no la inteligencia de la percepción. El acto de ver instantáneamente todo esto es meditación; y para ver, tiene que haber silencio, porque de ese silencio emana la acción que es diferente de las actividades del pensamiento.

Había estado lloviendo todo el día, y el agua goteaba de cada hoja y de cada pétalo. El arroyo estaba crecido y habían desaparecido sus claras aguas; ahora eran turbias y corrían presurosas. Únicamente los gorriones, los cuervos y las grandes urracas blanquinegras seguían activos, mientras las nubes ocultaban las montañas y apenas se distinguían las colinas. No había llovido desde hacía días y era una delicia el olor de la lluvia fresca sobre la tierra seca. Si hubiéramos estado en algún país tropical, donde no llueve durante meses y cada día brilla un Sol ardoroso que abrasa la superficie terrestre, entonces, al llegar las primeras lluvias, el olor del agua fresca empapando la tierra vieja y desnuda sería un deleite que penetraría hasta lo más profundo del corazón. Pero aquí, en Europa, el olor era distinto, más suave, no tan intenso ni tan penetrante. Era como una leve brisa que pronto se esfuma.

Al día siguiente por la mañana, el cielo estaba claro y azul; se habían desvanecido todas las nubes y había nieve radiante en los picos de las montañas, mientras los prados tenían hierba fresca y miles de nuevas flores de primavera. Era una mañana rebosante de inefable belleza y el amor reposaba en cada brizna de hierba.

Era un famoso director de cine y, para sorpresa nuestra, no tenía vanidad alguna; al contrario, era muy simpático y de sonrisa fácil. Muchas de sus películas habían logrado un enorme éxito y otros lo estaban imitando. Como la mayoría de los directores sensibles, manifestaba un gran interés por el inconsciente, por los sueños fantásticos, así como por los conflictos que luego podían expresarse en las películas. Había estudiado a los dioses de los psicoanalistas y él mismo había tomado drogas con propósitos experimentales.

La mente humana está tan condicionada por la cultura en la que vive –por sus tradiciones, su situación económica y, sobre todo, por la propaganda religiosa– que, si bien se opone enérgicamente a ser esclava de un dictador o a la tiranía del Estado, en cambio se somete voluntariamente a la tiranía de la iglesia, de la mezquita, o a los dogmas psiquiátricos de última moda. Al ver tanta desdicha irremediable, el hombre inventa ingeniosamente un nuevo Espíritu Santo o un nuevo *atman*, y los convierte en una imagen para luego rendirles culto.

La mente, que ha creado tal desolación en el mundo, básicamente está atemorizada de sí misma, y al darse cuenta de la actitud materialista de la ciencia, de sus logros, de su creciente dominio sobre el hombre, empieza a inventarse una nueva filosofía. De forma que las viejas filosofías se sustituyen por nuevas teorías, pero los problemas básicos del ser humano siguen sin resolverse.

En medio de este caos de guerras, altercados y absoluto egoísmo, está el importante tema de la muerte. Las religiones, tanto las muy antiguas como las modernas, han condicionado al hombre a ciertos dogmas, esperanzas y creencias, ofreciendo una respuesta preestablecida a esta cuestión; pero ni el pensamiento ni el intelecto pueden responder a los interrogantes sobre la muerte. Esto es un hecho, y no podemos evitarlo.

Tenemos que morir para descubrir lo que es la muerte; y, aparentemente, el hombre no puede hacerlo, porque teme morir a todo lo que conoce, a sus íntimas visiones y esperanzas profundamente arraigadas.

Lo cierto es que no existe el mañana, pero hay muchos

mañanas entre el ahora de la vida y el futuro de la muerte. En este espacio divisorio vive el ser humano, lleno de miedo y ansiedad, pero con la mirada siempre puesta en ese hecho último e inevitable. Ni siquiera se atreve a hablar de la muerte y decora la tumba con todas las cosas que conoce.

La muerte es morir a todo lo que uno conoce, no sólo a ciertas formas particulares de conocimiento, sino a todo. Invitar al futuro –la muerte– a que cubra la totalidad del hoy, es morir por completo; entonces no hay separación entre la vida y la muerte; en ese momento morir es vivir, y vivir es morir.

Según parece, ningún ser humano está dispuesto a hacer esto; sin embargo, constantemente buscamos lo nuevo; con una mano retenemos lo viejo y, con la otra, tanteamos a ciegas lo desconocido esperando encontrar lo nuevo. Así pues, siempre tenemos el inevitable conflicto de la dualidad, entre el "yo" y el "no-yo", entre el observador y lo observado, entre el hecho real y *lo que debería ser*.

Esa confusión termina por completo cuando lo conocido cesa; y ese terminar es la muerte. La muerte no es una idea ni un símbolo, sino una aplastante realidad, y no existe ninguna posibilidad de escapar de ella, por mucho que uno se aferre a las cosas de hoy –que es el pasado–, ni por mucho que adore el símbolo de la esperanza.

Uno tiene que morir a la idea de la muerte; sólo entonces nace la inocencia, únicamente entonces surge lo eternamente nuevo. El amor es siempre nuevo, mientras que el recuerdo del amor es la muerte del amor.

CAPÍTULO 37

Era un prado amplio, exuberante, rodeado de verdes colinas. Esa mañana brillaba resplandeciente de rocío y los pájaros cantaban a los cielos y a la Tierra. En este prado rebosante de flores había únicamente un árbol, majestuoso y solitario. Era alto, de bellas proporciones, y en esta mañana tenía una importancia especial. Proyectaba una sombra intensa, alargada, y entre el árbol y la sombra había un extraordinario silencio; se comunicaban la realidad y la irrealidad, el símbolo y el hecho. Era realmente un árbol espléndido, con sus hojas primaverales agitadas por el viento, vigorosas y libres aún de gusanos. Tenía una gran majestuosidad; no estaba adornado con las vestiduras de la realeza, pero era en sí mismo glorioso e imponente. Al atardecer se recluía en sí mismo, silencioso y despreocupado, aunque soplara un fuerte viento; y tan pronto como salía el Sol, despertaba y derramaba la exuberancia de su bendición sobre el prado, sobre las colinas y sobre la Tierra.

Los arrendajos azules lanzaban su reclamo y las ardillas estaban muy ajetreadas aquella mañana. La belleza de aquel árbol en su soledad nos embargaba el corazón. No era la belleza que palpábamos con los ojos, su belleza radicaba en sí mismo. Aunque nuestros ojos habían visto cosas más hermosas, no era el ojo habitual el que veía este árbol solitario, inmenso y lleno de prodigio. Sin duda debía de ser muy viejo, pero en ningún momento sentimos el peso de su edad. Al acercarnos y sentarnos bajo su sombra, apoyada la espalda contra el tronco, sentíamos la tierra, el poder que había en aquel árbol, y su distante sobriedad. Casi podíamos hablar con él, y nos contaba muchas cosas; pero siempre teníamos la sensación de que se encontraba muy lejos, aunque tocáramos y sintiéramos la dureza de su corteza, por donde ascendían multitud de hormigas. En esa mañana su sombra era muy clara y definida, y parecía extenderse más allá de las colinas, lejos, hacia otras colinas. Era realmente un sitio de meditación, si se sabía meditar. Había un gran silencio, y la mente, si tenía claridad y profundidad, también estaba en silencio, sin que nada de alrededor la afectara, y era parte de aquella mañana radiante, con el rocío posado aún sobre la hierba y los juncos. Esa belleza siempre estará ahí, en el prado, con aquel árbol.

Era un hombre de mediana edad, bien conservado, esbelto y vestido con excelente gusto. Dijo que había viajado mucho, aunque sin un propósito particular. Su padre le había dejado algún dinero y, gracias a eso, había visto un poco del mundo, no sólo las cosas superficiales, sino también las rarezas conservadas en los suntuosos museos. Añadió que le gustaba la música y que tocaba en algunas ocasiones, también parecía haber leído mucho. En el curso de la conversación, dijo: «¡Hay tanta violencia, tanta ira y odio del hombre contra el hombre! Según parece, hemos perdido el amor, no hay belleza en nuestros corazones, o es probable que nunca antes la tuviéramos. El amor se ha convertido en una mercancía barata, y la belleza artificial ha llegado a ser más importante que la belleza de las colinas, de los árboles y las flores; así, la belleza de los niños se desvanece pronto. He estado haciéndome preguntas acerca del amor y la belleza. Quizá le parezca conveniente hablar de esto, si dispone de un poco de tiempo».

Estábamos sentados en un banco junto al arroyo. Detrás de nosotros había una vía de ferrocarril, y montes con bastantes chalés y granjas diseminadas.

El amor y la belleza no pueden separarse; sin amor no hay belleza, están entrelazados, son inseparables. Hemos ejercitado hasta tal punto la mente, el intelecto y nuestro talento, con tal poder destructivo, que son los que predominan y profanan eso que llamamos amor. Por supuesto, la palabra no es la cosa real, ni la sombra del árbol es el árbol. No es posible que descubramos lo que es el amor si no bajamos de las alturas de nuestro talento y de nuestra sofisticada intelectualidad, si no percibimos el esplendor del agua y no somos sensibles a la nueva hierba. ¿Es posible encontrar este amor en los museos, en la belleza ornamentada de los rituales eclesiásticos, en el cine, en el rostro de una mujer? ¿No es importante que descubramos por nosotros mismos la forma en que nos hemos alejado de las cosas sencillas de la vida? No se trata de que adoremos la naturaleza de forma neurótica, pero si perdemos el contacto con la naturaleza, ¿no significa eso que también estamos perdiendo el contacto con el ser humano, con nosotros mismos? Buscamos la belleza y el amor fuera de nosotros, en las personas, en las posesiones, de tal modo que se convierten en algo más importante que el amor mismo. Poseer significa placer, y al aferrarnos al placer, el amor se desvanece. La belleza está dentro de nosotros, no necesariamente en las cosas que nos rodean; pero cuando las cosas adquieren la máxima importancia y las investimos de belleza, entonces la belleza interior disminuye. Por tanto, a medida que el mundo se vuelve cada vez más violento y materialista, los museos y todas las demás posesiones se convierten, más y más, en el instrumento con que tratamos de encubrir nuestra propia pobreza y llenar así nuestra vacuidad.

«¿Por qué dice que cuando encontramos la belleza en las

personas o en las cosas que nos rodean, y cuando experimentamos placer, disminuye la belleza y el amor internos?»

Toda dependencia engendra en nosotros un sentido de posesión y nos convertimos en la cosa que poseemos. Si poseo esta casa, yo *soy* la casa. Ese jinete que ahora pasa cabalgando, él *es* el orgullo que siente de su posesión, aunque la belleza y la dignidad del caballo tengan mucha más importancia que el hombre. De modo que depender de la belleza de una línea, o del encanto de un rostro, es evidente que debe limitar al propio observador, lo cual no significa que debamos negar la belleza de una línea o el encanto de un rostro; pero cuando las cosas externas adquieren una importancia desmedida, en nuestro interior reina la pobreza.

«Está diciendo que si no hay en mí una reacción al ver un rostro encantador, soy interiormente pobre. No obstante, si no respondo a ese rostro o a la línea arquitectónica de ese edificio, significa que me he aislado y soy insensible.»

Es precisamente el aislamiento lo que genera dependencia y, a su vez, la dependencia engendra placer y, por tanto, miedo. Si de su parte no hay ninguna respuesta, se debe a que sufre una parálisis, es indiferente, o se siente desilusionado ante la imposibilidad de poder tener gratificación continua. Y así es como vivimos: eternamente atrapados en la red de la esperanza y la desesperanza, del temor y el placer, del amor y el odio. Cuando hay pobreza interna surge la necesidad de llenarla. Éste es precisamente el pozo sin fondo de los opuestos, los opuestos que dominan nuestra vida y engendran la batalla del vivir diario. En esencia, todos los opuestos son idénticos, porque son ramas de la misma raíz. El amor no es producto de la dependencia y el amor no tiene opuesto.

«¿No existe la fealdad en el mundo? Y, ¿acaso no es la fealdad el opuesto de la belleza?»

Por supuesto que hay fealdad en el mundo, como hay

odio, violencia, etcétera. ¿Por qué la compara con la belleza o con la no violencia? La comparamos porque tenemos una escala de valores, y colocamos en primer lugar lo que llamamos belleza y en el último la fealdad. Ahora bien, ¿puede observar la violencia sin compararla? Si lo hace, ¿qué sucede, entonces? Descubrirá que estamos tratando únicamente con hechos, no con opiniones ni medidas, o con *lo que debería ser*. Entonces podemos afrontar *lo que es* y actuar de inmediato; porque *lo que debería ser* sólo es una mera ideología y, por tanto, una imaginación sin sentido. La belleza, al igual que el amor, no se puede comparar; y cuando decimos: «Amo más a esa persona que a aquélla», eso no es amor.

«Para retomar lo que estaba diciendo, cuando uno es sensible responde rápidamente y sin complicaciones, tanto a un rostro atractivo como a un hermoso jarrón. Esta respuesta espontánea, sin darnos cuenta, se convierte en dependencia, en placer, y en todas las complicaciones que está usted describiendo. Por consiguiente, la dependencia me parece algo inevitable.»

¿Hay algo que sea inevitable…, a excepción, quizás, de la muerte?

«Si no es inevitable, eso significa que puedo elegir mi forma de actuar, lo cual quiere decir, consecuentemente, que es mecánico.»

Ver el proceso inevitable *no* es mecánico. La mente que rehúsa ver *lo que es,* es la que se vuelve mecánica.

«Si veo lo inevitable, sigo preguntándome dónde y cómo trazar el límite.»

No tiene que trazar ningún límite, porque el ver trae su propia acción. Cuando preguntamos: «¿Dónde debo trazar el límite?», es el pensamiento el que interviene, porque está temeroso de quedar atrapado y su deseo es ser libre. El *ver* no es un proceso del pensamiento; el *ver* es siempre nuevo, espontáneo y dinámico. Mientras que el pensar es siempre viejo, nunca hay espontaneidad en el pensar. El *ver* y el pensar son dos acciones por completo diferentes, nunca pueden ir juntas. Así pues, el amor y la belleza no tienen opuestos, y no son el resultado de la pobreza interna. Por tanto, el amor está al principio, y no al final.

CAPÍTULO 38

El sonido de las campanas de la iglesia penetraba en el bosque, cruzaba las aguas, y se expandía a lo largo del profundo valle. El sonido variaba dependiendo de si llegaba a través del bosque, del valle abierto, o del tumultuoso y veloz arroyo. El sonido, como la luz, tiene una calidad que emana del silencio; cuanto más profundo es el silencio, mayor es la belleza del sonido que se escucha. Aquel atardecer, mientras el Sol cruzaba por encima de los montes del Oeste, el sonido de esas campanas de la iglesia era extraordinario; era como escuchar las campanas por vez primera. No eran tan viejas como las campanas de las antiguas catedrales, pero contenían el sentir de aquel atardecer. En el cielo no había una sola nube; era el día más largo del año y el Sol se ponía lo más al Norte que en su descenso podía alcanzar.

Rara vez escuchamos el sonido del perro que ladra, el llanto del niño o la risa del hombre que pasa a nuestro lado. Nos separamos de todo, y desde ese aislamiento miramos y escuchamos las cosas. ¡Es tan destructiva esta separación!; de ella emanan toda la confusión y el conflicto. Si escucháramos el sonido de esas campanas en completo silencio, cabalgaríamos sobre él... o, más bien, el sonido nos transportaría a través del valle y por encima de las colinas. Podemos sentir su belleza únicamente cuando no hay separación entre uno mismo y el sonido, cuando uno es parte de él. La meditación pone fin a la separación, no por una acción de la voluntad o del deseo, ni por la búsqueda de placer con cosas que no se han saboreado todavía.

La meditación no está separada de la vida, es la misma esencia de la vida, es la verdadera esencia del vivir cotidiano. Escuchar esas campanadas, la risa del campesino mientras camina con su esposa, escuchar el timbre que suena en la bicicleta de la niña según pasa a nuestro lado; esa totalidad de la vida, y no sólo un fragmento de ella, es lo que abre ante nosotros la meditación.

«¿Qué es Dios para usted? En el mundo moderno, Dios no existe entre los estudiantes, entre los obreros y los políticos. Para los sacerdotes es una palabra conveniente, que les permite continuar en sus empleos, mantener sus intereses creados, tanto físicos como espirituales; en cuanto al hombre común, no veo que le importe mucho, salvo ocasionalmente, cuando sufre alguna calamidad o cuando quiere parecer "respetable" entre sus "respetables" vecinos; de lo contrario, Dios tiene muy poco sentido. De manera que he hecho un viaje bastante largo hasta aquí para averiguar en qué *cree* usted… o, si no le gusta esta palabra, para ver si Dios existe en su vida. He estado en la India y he visitado a varios maestros, en el lugar donde residen con sus discípulos, y todos ellos creen, o más o menos sostienen, que Dios *existe*, y señalan el camino hacia él. Me gustaría, si lo considera conveniente, hablar de esta cuestión tan importante, que ha obsesionado al hombre durante tantos miles de años.»

La creencia es una cosa y la realidad es otra. Una conduce a la esclavitud y la otra es sólo posible en la libertad. No hay relación entre ambas, no es posible abandonar o dejar a un lado la creencia con el propósito de lograr esa libertad. La libertad no es una recompensa, no es la zanahoria que se pone delante del asno. Es importante que esto se entienda desde el principio: la contradicción entre la creencia y la realidad.

La creencia jamás puede conducir a la realidad, porque la creencia es el producto del condicionamiento, es la consecuencia del miedo, es el resultado de una autoridad externa o interna que nos reconforta. La realidad no es ninguna de estas cosas, es algo totalmente distinto, no hay contacto de una con la otra. El teólogo parte de una posición fija: cree en Dios, en un Salvador, en Krishna, o en Cristo, y proyecta teorías de acuerdo con su condicionamiento y la destreza de su mente. Al igual que el teórico comunista está sujeto a un concepto, a una idea, y lo que proyecta es el resultado de sus propias deliberaciones.

Los incautos quedan atrapados en eso, de igual manera que la mosca imprudente queda atrapada en la tela de araña. La creencia nace del temor o de la tradición. Dos mil o diez mil años de propaganda han creado una estructura religiosa de palabras, con sus rituales, dogmas y creencias. De ese modo, la palabra se vuelve entonces extremadamente importante, y su repetición hipnotiza al crédulo, que está siempre deseoso de creer, de aceptar, de obedecer, sin importarle que sea malo, bueno, beneficioso o dañino lo que se le ofrece. La mente creyente no es inquisitiva y, por eso, permanece dentro de los límites del credo o de las normas. Es como el animal que, atado a una estaca, sólo puede caminar hasta el límite que le permite la soga.

«¡Pero sin creencia no tenemos nada! Yo creo en el bien; creo en el sacramento del matrimonio; creo en el más allá, y en el crecimiento que evoluciona hacia la perfección. Para mí estas creencias son muy importantes porque me mantienen en el camino correcto, en el camino de la moralidad. ¡Si me quita la creencia, estoy perdido!»

Ser bueno y querer ser bueno son dos cosas diferentes. El florecimiento de la bondad no está en querer ser bueno. Querer ser bueno es precisamente la negación de la bondad; querer ser mejor es negar *lo que es*; el "mejorar" corrompe *lo que es*. Ser bueno es una realidad en el ahora, en el presente; el querer ser bueno pertenece al futuro, que es una invención de la mente que vive prisionera en la creencia, en un método de comparación y tiempo. Cuando existen la comparación y la medida, el bien deja de existir.

Lo importante no es en *qué* cree usted, *cuáles* son sus ideas, principios, dogmas y opiniones, sino *por qué* los tiene, *por qué* su mente carga con el peso de todo esto. ¿Son imprescindibles todas esas cosas? Si se hace seriamente esta pregunta a sí mismo, descubrirá que todo es resultado del temor, o del hábito de aceptar; y este temor básico es precisamente lo que le impide contactar con *lo que es*; este miedo es el que nos induce a comprometernos. Es natural involucrarse en las cosas, participar en ellas; estar involucrado en la vida, en las propias actividades; uno *forma* parte de la vida, de todo su movimiento. Pero el comprometerse es una acción deliberada de la mente que funciona y piensa de modo fragmentario, de ese modo uno se compromete sólo con un fragmento. No podemos comprometernos deliberadamente con lo que consideramos la totalidad, porque ese compromiso es parte del proceso del pensamiento, y el pensamiento siempre divide, actúa siempre de modo fragmentario.

«De acuerdo, uno no puede comprometerse sin nombrar aquello con lo que desea comprometerse, y el hecho de nombrar limita.»

¿Es esta afirmación suya simplemente una serie de palabras, o es una realidad de la que ahora se da cuenta? Si sólo es una serie de palabras, entonces es una creencia y, por tanto, no tiene ningún valor. Pero si es una verdad real que ha descubierto ahora, entonces está libre y en estado de negación. La negación de lo falso no es una simple declaración. Toda propaganda es falsa, y el hombre ha vivido de la propaganda, extendiéndola desde el jabón hasta Dios.

«Con su manera de percibir me está acorralando. ¿No es también esto una forma de propaganda: propagar lo que *usted* ve?»

De ningún modo; es *usted mismo* quien se está empujando al rincón donde tiene que encarar las cosas como son, sin persuasiones ni influencias externas. Si empieza a darse cuenta por sí mismo de lo que realmente tiene delante, entonces, estará libre de la influencia de otros, libre de toda autoridad – de la palabra, de la persona y de la idea–. Para *ver,* la creencia no es necesaria; al contrario, para *ver* es necesario que no haya ninguna creencia. Únicamente podemos ver cuando hay un estado de negación, no en el estado positivo de la creencia. El *ver* es el estado negativo, en el cual sólo existe la evidencia de *lo que es.* La creencia es un método de inactividad que engendra hipocresía; y esta hipocresía es la que la generación más joven combate y contra la que se rebela; pero esa generación más joven, con el paso de los años, también caerá en la hipocresía. La creencia es un peligro que debe evitarse a toda costa si se quiere percibir la verdad de *lo que es.* El político, el sacerdote y el hombre respetable siempre actuarán de acuerdo con un método, obligando a otros a vivir conforme a ese método; y el ser humano irreflexivo, necio, continuamente se deja cegar por sus palabras, promesas y esperanzas. La autoridad del método se vuelve más importante que el amor a *lo que es.* Por eso, la autoridad es maligna, ya sea la autoridad de la creencia, de la tradición, o de la costumbre, a la cual suele llamársele moralidad.

«¿Puedo liberarme de ese miedo?»

Es evidente que está planteando mal la pregunta, ¿se da cuenta? Uno *es* el miedo; uno y el miedo no son dos entes separados. La separación es el mismo miedo, y el miedo es el que crea el método que dice: «Lograré conquistar el miedo, reprimirlo, escapar de él». Esto es lo que tradicionalmente hemos hecho, y nos da una falsa esperanza de ser capaces de vencer el miedo; pero cuando uno ve que uno mismo *es* el miedo, que uno y el miedo no son dos cosas separadas, en ese momento el miedo desaparece. Entonces no necesita ningún método o creencia alguna; porque, a partir de ahí, vivirá sólo con *lo que es* y verá la verdad de *lo que es*.

«Pero no ha contestado a la pregunta acerca de Dios, ¿no es así?»

Si va a cualquier lugar de culto, ¿está Dios allí, en la piedra, en la palabra, en el ritual, en el estímulo emocional que surge de ver algo hermosamente construido? Las religiones han dividido a Dios, en mi dios y su dios, en los dioses de Oriente y los de Occidente, y cada dios debe eliminar al resto de los dioses. ¿Dónde encontrará uno a Dios, debajo de una hoja, en los cielos, en su corazón, o es Dios una mera palabra, un símbolo que representa algo que no puede manifestarse con palabras? Es obvio que uno debe desechar el símbolo, el lugar de culto, la red de palabras que el ser humano ha tejido a su alrededor; únicamente entonces uno puede empezar a investigar si existe o no una realidad inconmensurable.

«Pero cuando uno desecha todo esto, se siente totalmente perdido, vacío, solo; y en ese estado, ¿cómo puede uno investigar?»

Si se encuentra en ese estado, es porque se compadece a sí mismo, y la lástima de uno mismo es una abominación. Si se encuentra en ese estado, es porque no ha visto realmente que lo falso *es* lo falso. Cuando lo vea, eso le dará una tremenda energía y una libertad que le permitirán ver la verdad como verdad, no como una ilusión o una fantasía de la mente. Esta libertad es imprescindible para ver si hay o no hay algo que no puede expresarse con palabras; pero no es una experiencia, un logro personal. Todas las experiencias, en este sentido, dan lugar a una existencia separativa, contradictoria; y esta existencia separativa como es el pensador, como es el observador, es lo que exige experiencias posteriores más grandes; y lo que el pensador exige, lo tendrá; pero eso no será la verdad.

La verdad no es suya ni mía. Lo que es suyo puede ser organizado, explotado o guardado como una reliquia. Eso es lo que está sucediendo en el mundo; pero la verdad no puede organizarse. Como la belleza y el amor, la verdad no está en el reino de las posesiones.

CAPÍTULO 39

Si uno camina a lo largo del pueblo por la calle principal donde se alinean sus diversas tiendas –la panadería, la tienda de fotografía, la librería y el restaurante–, y sigue por debajo del puente, por delante de la sastrería, cruza por arriba otro puente, deja atrás el aserradero, entra en el bosque y continúa caminando por la orilla del arroyo, mirando cada cosa que encuentra a su paso con los ojos y todos los sentidos bien despiertos, sin un solo pensamiento en la mente, entonces sabrá lo que significa no estar separado de nada. Si sigue el arroyo durante dos o tres kilómetros –de nuevo sin una sola perturbación del pensamiento– mirando el agua impetuosa, escuchando su sonido, viendo su color, la enorme masa verde grisácea del torrente, mirando los árboles y el cielo azul a través de las ramas, y también las verdes hojas –nuevamente sin un solo pensamiento, sin una sola palabra–, entonces sabrá lo que significa que no haya ningún espacio entre uno y la brizna de hierba.

Si camina a través de la praderas, con sus miles de flores de todos los colores imaginables, desde el rojo brillante al amarillo o al púrpura, con su reluciente hierba verde, abundante y tierna, lavada por la lluvia de la noche anterior –de nuevo sin un solo movimiento de la maquinaria del pensamiento–, entonces sabrá lo que es el amor. Si mira el cielo azul, las altas nubes en toda su extensión, las verdes colinas de nítidos perfiles recortadas en el cielo, la hierba abundante y la flor marchita –si lo mira todo sin una sola palabra del ayer–, entonces, cuando la mente está en completa quietud, silenciosa, sin ningún pensamiento que la perturbe porque el observador está ausente por completo, en ese momento habrá unidad. No es que uno esté unido a la flor, a la nube, o a las colinas curvilíneas, sino con un sentimiento absoluto de no-ser, donde cesa toda división entre uno mismo y el otro. La mujer que pasa con los víveres comprados en el mercado, el enorme perro alsaciano, los dos niños que juegan a la pelota…, si puede mirarlos sin una sola palabra, sin comparación ni asociación alguna, entonces, en ese momento, el conflicto entre uno mismo y el otro cesa.

Este estado, donde no hay palabra ni pensamiento, es la expansión de la mente sin fronteras, de la mente que no tiene límites dentro de los cuales puedan existir el "yo" y el "no-yo". No piense que esto es pura imaginación, un vuelo de la fantasía o una anhelada experiencia mística; no lo es. Es tan real como la abeja que se posa en esa flor, como la niña montada en su bicicleta, o el hombre que sube la escalera para pintar la casa –todo el conflicto de la mente provocado por la división, ha cesado–. Uno mira sin la mirada del observador, sin el sentido de la palabra y sin la medida del ayer. La mirada del amor es diferente de la mirada del pensamiento. La primera lleva una dirección que el pensamiento no puede seguir; y la otra conduce a la separación, al conflicto y al sufrimiento. Desde la mirada de este sufrimiento no podemos pasar a la otra; la distancia entre ambas es obra del pensamiento y ningún paso que dé el pensamiento puede alcanzar a la otra.

Al regresar bordeando las pequeñas granjas, las praderas y la vía del ferrocarril, el ayer dejaba de existir: la vida comienza allá donde el pensamiento termina.

«¿Por qué no puedo ser sincera? –preguntó ella–. Parece formar parte de mi naturaleza el no ser sincera. No es que yo no quiera serlo, sino que sale de mí sin que me dé cuenta, digo cosas que en realidad no quisiera decir. No me refiero a las conversaciones sin importancia que una sostiene por cortesía –en ese caso una sabe que habla sólo por hablar–, sino que en los momentos en que hablo o actúo en serio, me descubro diciendo o haciendo cosas que son completamente falsas. He notado que a mi esposo también le sucede algo similar; dice una cosa y hace otra totalmente distinta; promete cosas, pero una sabe muy bien que no se propone hacer lo que dice; y cuando se lo hago ver, se irrita, y a veces se pone muy furioso. Ambos sabemos que no somos sinceros en infinidad de cuestiones. El otro día prometió algo a una persona a la que podría decirse que respetaba, y el hombre se fue creyendo en la promesa de mi esposo. Pero no cumplió su palabra, y encontró excusas para probar que él tenía razón y no el otro. Ya sabe cómo jugamos con nosotros mismos y con los demás; forma parte de las relaciones sociales y de la estructura de esta sociedad. A veces todo esto alcanza un punto en que se vuelve espantoso y profundamente perturbador; y yo, personalmente, ya he llegado a ese extremo. Estoy muy preocupada; no sólo por mi esposo, sino también por mí misma y por toda esa gente que dice una cosa, hace otra, y a continuación piensa algo por completo diferente. El político hace promesas y una sabe perfectamente lo que significan esas promesas; prometen el cielo en la Tierra y sabemos muy bien que van a crear un infierno en la Tierra, y que al final culpará de todo ello a factores que escapan a su control. ¿Por qué en el fondo somos tan falsos?»

¿Cuál es el significado de la sinceridad? ¿Puede haber sinceridad –es decir, una percepción directa y clara de las cosas, verlas como son– si existe un principio, un ideal, un sistema ennoblecido? ¿Puede uno ser directo si hay confusión? ¿Puede haber belleza si existe una norma de lo que es bello o recto? Cuando existe esta división entre *lo que es* y *lo que debería ser*, ¿puede haber sinceridad, o sólo es posible una falsedad modélica y respetable? Hemos crecido en medio de las dos: entre *lo que realmente es* y *lo que debería ser*; y en este intermedio entre uno y otro –un intermedio de tiempo y espacio–, se basa toda nuestra educación, nuestra moralidad y nuestra lucha. Ignoramos *lo que es* y miramos con temor y esperanza *lo que debería ser*. Y, ¿puede haber honradez, sinceridad, en esa actitud que la sociedad llama educación? Cuando decimos que no somos sinceros, lo que queremos realmente decir es que hay una comparación entre lo que hemos dicho y *lo que es*. Cuando uno dice algo que no quería decir, quizá lo hace para salir del paso, porque uno está nervioso, es tímido o se avergüenza de decir lo que realmente *es;* de modo que el prejuicio nervioso y el miedo nos llevan a no ser sinceros. Cuando perseguimos el éxito, de alguna manera tenemos que ser deshonestos, adular a alguien, ser astutos y embusteros, para así lograr lo que queremos; o bien mantenemos cierta autoridad o posición que queremos defender. Así pues, toda resistencia, toda defensa, es una forma de falta de sinceridad. Ser sincero significa no tener ilusiones de uno mismo, no tener ninguna semilla de ilusión, porque la ilusión es deseo y placer.

«¿Quiere decir que el deseo engendra ilusión? Si deseo una buena casa, no hay ninguna ilusión en eso; si deseo que mi esposo obtenga una posición mejor, tampoco en eso veo ninguna ilusión.»

En el deseo siempre existe la búsqueda de algo mejor, más grande, más cantidad; en el deseo existe la medida, la comparación, y la raíz de la ilusión es comparación. Lo bueno no es lo mejor, pero malgastamos toda nuestra vida persiguiendo lo mejor –ya sea el mejor cuarto de baño, la mejor posición, o el mejor dios–. El descontento con *lo que es* da lugar a querer modificar *lo que es*, lo cual es meramente la continuidad mejorada de *lo que es*; pero en el mejorar no hay cambio, y ese intento constante de mejorar –tanto en nosotros mismos como en la moralidad social– es lo que genera la falta de sinceridad.

«No sé si le entiendo bien, ni sé si quiero entenderle –dijo con una sonrisa–. Intelectualmente entiendo lo que dice, pero ¿adónde quiere llegar? Lo encuentro más bien aterrador. Si realmente viviera lo que está diciendo, lo más seguro es que mi esposo perdería su empleo, porque en el mundo de los negocios la falsedad está a la orden del día. Y en cuanto a nuestros hijos, también a ellos se les educa para competir, para pelear por su supervivencia. Y partiendo de lo que dice, me doy cuenta de que los educamos para que no sean sinceros –no de una forma clara, por supuesto, sino de modo sutil y engañoso–, por eso, temo por ellos. Sin embargo, ¿cómo podrán enfrentarse a un mundo tan falso y brutal, a menos que ellos mismos tengan algo de esa falsedad *y* brutalidad?… ¡Ah; me doy cuenta de que estoy diciendo cosas terribles, pero es lo que siento! Empiezo a ver lo falsa que soy.»

Vivir sin un principio, sin un ideal, es vivir enfrentándose cada instante a *lo que es*. Ser sincero es abordar realmente *lo que es*, o sea, estar en completo contacto con eso, no por medio de la palabra, o con pasadas conclusiones y recuerdos, sino estar en contacto directo con *lo que es*. Ser sincero es saber que uno ha mentido y no buscar excusas, sino ver el hecho real; y en esa sinceridad hay una gran belleza. La belleza no hiere a nadie. Decir que uno es mentiroso es reconocer un hecho, es reconocer un error como error; pero buscar razones, excusas y justificaciones es una falta de sinceridad, y eso es autocompasión. La autocompasión es la sombra de la falsedad; lo cual no significa que uno deba ser despiadado consigo mismo, sino que debe estar atento. Estar atento significa afecto, significa observar.

«De ningún modo esperaba todo esto cuando vine aquí. Me sentía algo avergonzada de mi falta de sinceridad; no sabía muy bien qué hacer y, a la vez, me sentía culpable por ser incapaz de hacer algo para remediarlo; pero luchar contra ese sentimiento de culpa, o resistirlo, acarrea otros problemas. Ahora tengo que pensar cuidadosamente en todo lo que me ha dicho.»

Si me permite hacerle una sugerencia, no piense. Véalo ahora mismo tal como es y, de ese *ver*, surgirá algo nuevo. Mientras que si se pone simplemente a pensar, caerá otra vez en la vieja trampa de siempre.

CAPÍTULO 40

En el reino animal, los instintos de adaptarse y obedecer son naturales y necesarios para sobrevivir, pero en el hombre se vuelven peligrosos. En el individuo, el seguir y obedecer se convierten en imitación, en conformismo con un patrón social que el mismo individuo ha construido. La inteligencia no puede funcionar sin libertad. Cuando se comprende la naturaleza de cualquier acción basada en la obediencia y la aceptación, sobreviene la libertad, pero la libertad no es el instinto de hacer lo que uno quiere. En una sociedad amplia y compleja, eso es casi imposible; de ahí, el conflicto entre el individuo y la sociedad, entre los muchos y el uno.

Durante días había hecho mucho calor; la atmósfera era asfixiante y a esa altura los rayos del Sol penetraban en todos los poros de nuestro cuerpo, y nos sentíamos algo mareados. La nieve se derretía rápidamente y el arroyo bajaba cada vez más oscuro. La gran catarata, que se precipitaba en torrentes, procedía de un glaciar enorme, quizás de más de un kilómetro de largo. Este arroyo jamás se secaría.

Esa tarde se desató el mal tiempo. Las nubes, con truenos y relámpagos, se amontonaban contra las montañas, y empezó a llover; se podía oler la lluvia.

Había tres o cuatro personas en el pequeño salón con vistas al río. Procedían de diferentes partes del mundo y parecía que todos tenían la misma pregunta. Pero la pregunta no era tan importante como el estado en que se hallaban; su propio estado mental comunicaba mucho más que la pregunta. La pregunta en sí parecía como una puerta de una casa, que al abrirla mostraba muchas dependencias. Era un grupo no muy saludable, y de alguna manera infeliz. Parecían personas cultas –lo que quiera que esto signifique–; hablaban varios idiomas y su aspecto era un tanto descuidado.

«¿Por qué uno no debería tomar drogas? Aparentemente usted está en contra de las drogas, mientras que sus propios amigos prominentes las han usado; han escrito libros acerca de las drogas, han estimulado a otros a que las usen, y han experimentado con gran intensidad la belleza de una simple flor. También nosotros las hemos consumido, y nos gustaría saber por qué parece oponerse a estas experiencias de reacción química. Después de todo, la totalidad de nuestro organismo físico es un proceso bioquímico, y añadirle un producto químico suplementario puede proporcionarnos una experiencia que se aproxime a lo real. Usted no ha tomado drogas, ¿verdad? Por tanto, si no ha experimentado con ellas, ¿cómo puede condenarlas?»

Efectivamente, nosotros no hemos tomado drogas. ¿Tiene uno que embriagarse para saber lo que es la sobriedad? ¿Tiene uno que enfermar para saber lo que es la salud? Como hay varias cosas implicadas en el uso de las drogas, abordemos el asunto cuidadosamente. ¿Cuál es la necesidad de consumir cualquier droga que promete una expansión psicodélica de la mente, grandes visiones e intensidad? Aparentemente, uno las usa porque las propias percepciones están embotadas; al ir perdiendo la claridad, la vida de uno se vuelve más bien superficial, mediocre, sin sentido, y uno toma drogas para trascender esa mediocridad.

Los intelectuales han hecho de las drogas un nuevo mode-

lo de vida. Por todo el mundo se ve la discordia, las conduc-
tas neuróticas, los conflictos, la dolorosa desdicha de la vida.
Uno se da cuenta de la agresividad del hombre, de su brutalidad, de su incalificable egoísmo, que ninguna religión, ley o
moralidad social han sido capaces de solucionar.

¡Hay tanta anarquía en el hombre y, al mismo tiempo, sus
capacidades científicas son tan enormes! Este desequilibrio
está generando estragos en el mundo. El espacio insalvable
entre la tecnología avanzada y la crueldad del hombre, está
produciendo gran caos y miseria; esto es un hecho evidente.
Así pues, el intelectual que ha especulado con diversas teorías –el Vedanta, el Zen, los ideales comunistas, etcétera– y
no ha encontrado en ellas ninguna salida a la difícil situación
del ser humano, se vuelve ahora hacia la droga dorada en
busca de un dinamismo sensato y armónico. Esperamos que
el científico descubra esa droga dorada, esa droga que lo so-
lucione todo, y probablemente la encontrará. A partir de ahí,
los escritores e intelectuales la promocionarán para detener
todas las guerras, como antes lo hicieron con el comunismo o
el fascismo.

Pero la mente, pese a sus extraordinarias capacidades para
lograr descubrimientos científicos y ponerlos en práctica, sigue siendo mezquina, estrecha, fanática y, sin duda, seguirá
viviendo en su mezquindad, ¿no es así? Puede que una de las
drogas le permita tener una experiencia tremenda y explosi-
va, pero ¿desaparecerán la agresividad, la bestialidad y el sufrimiento tan hondamente arraigados en el ser humano? Si
estas drogas pueden resolver los difíciles y complejos problemas humanos, entonces ¡no hay más que decir!, porque la relación humana, la necesidad imperiosa de verdad y el fin del
sufrimiento son asuntos muy superficiales, que se resolverán
tomando una pequeña porción de esa nueva y prodigiosa sus-
tancia.

Es evidente que ésta es una manera equivocada de abordar el problema, ¿no les parece? Se dice que estas drogas provocan una experiencia que se aproxima a la realidad y, por tanto, ofrecen esperanza y estímulo. Pero la sombra no es la realidad; el símbolo nunca es el hecho. Observamos cómo en el mundo entero se le rinde culto al símbolo, y no a la verdad. Así pues, ¿no es una falsa pretensión afirmar que el resultado de estas drogas se *acerca* a la verdad?

Ninguna prodigiosa píldora dorada resolverá jamás nuestros problemas humanos; únicamente podrá resolverlos una revolución radical en la mente y en el corazón del hombre; y esto exige un trabajo arduo y constante, un ver y escuchar, y ser así altamente sensibles.

La máxima sensibilidad es suprema inteligencia, y ninguna droga inventada por el hombre nos dará esa inteligencia; sin esa inteligencia no hay amor, y el amor es relación. Sin este amor, no hay equilibrio dinámico en el ser humano. Este amor no es un don otorgado por los sacerdotes o sus dioses, por los filósofos o por ninguna droga dorada.

FUNDACIONES

El legado que Jiddu Krishnamurti dejó en sus *enseñanzas* forma parte de la responsabilidad de las Fundaciones creadas como iguales por él, con el propósito de preservar la integridad de lo que él expresó durante muchos años y en diferentes lugares del mundo.

Las siguientes Fundaciones creadas por J. Krishnamurti son las únicas instituciones responsables de la preservación y difusión de sus enseñanzas:

Krishnamurti Foundation Trust
KFT – (www.kfoundation.org -
email: kft@brockwood.org.uk)

Krishnamurti Foundation of America
KFA – (www.kfa.org -
email: kfa@kfa.org)

Krishnamurti Foundation India
KFI – (www.kfionline.org -
email: kfihq@md2.vsnl.net.in)

Fundación Krishnamurti Latinoamericana
FKL – (www.fkla.org
email: fkl@fkla.org)

Estas Fundaciones se responsabilizan y garantizan la autenticidad e integridad de los contenidos de todas las publicaciones realizadas por ellas: libros, vídeos, casetes, DVD, etcétera. Para cualquier duda o consulta rogamos contacten con cualquiera de ellas.

3 1143 00731 6764